天津出版传媒集团
天津人民出版社

图书在版编目（CIP）数据

高情商沟通学 / 陈建伟著 . -- 天津 ： 天津人民出版社，2017.11（2024.7 重印）
ISBN 978-7-201-12280-9

Ⅰ. ①高… Ⅱ. ①陈… Ⅲ. ①心理交往－通俗读物 Ⅳ. ① C912.11-49

中国版本图书馆 CIP 数据核字（2017）第 200735 号

高情商沟通学
GAOQINGSHANG GOUTONGXUE
陈建伟 著

出　　版　天津人民出版社
出 版 人　刘锦泉
出　　址　天津市和平区西康路 35 号康岳大厦
邮政编码　300051
邮购电话　（022）23332469
电子邮箱　reader@tjrmcbs.com

责任编辑　王昊静
策划编辑　马剑涛
特约编辑　刘小庆
装帧设计　润和佳艺

印　　刷　天津鑫旭阳印刷有限公司
经　　销　新华书店
开　　本　710×1000 毫米　1/16
印　　张　14
字　　数　120 千字
版次印次　2017 年 11 月第 1 版　2024 年 7 月第 6 次印刷
定　　价　39.00 元

前言

沟通是一门“技术”，正如烹饪需要食谱，沟通也有它的“秘方”。自古以来，不通沟通之道的人，都很难取得较大的成就，而那些取得较大成就的人，往往在沟通方面具有独特的能力，他们是一群高情商的人。

无论是向上司提建议，跟同事交流工作中遇到的问题，给下属分配工作任务，还是赞美、批评、说服你的朋友、亲人、家人，都需要掌握一定的沟通技巧。掌握高情商沟通学，可以让你在任何地方都成为人们关注的焦点，让众人刮目相看。

“知己知彼，方能百战不殆。”一个高情商的人，可以看透对方的心理，根据对方的所思所想变换话术，使沟通的效果更显著。在工作和生活中，我们经常会遇到说话的困境，一句话说不好，很可能就会使我们陷入尴尬的境地。但是，情商高的人却可以从容应对，巧妙地化解尴尬。除了能灵活应对尴尬之境，他们在求人办事、向人道歉时，也会以独特的说话方式来达到自己的目的，同时说出的话令人钦佩。

脾气倔强的人很多，他们油盐不进，不肯接受他人的好言相劝。情商高的人却可以使用各种说服技巧，化解对方的抵触心理，让对方乐于接受。如果情商不高，就算是真心实意地赞美一个人，也极有可能被人说成是“伪君子”“拍马屁”；而情商高的人却不同，他们捧人也能捧出新花样。

除此之外，高情商沟通还反映在生活和工作中的各个方面：拒绝别人时可以不露痕迹，丝毫不得罪人；说话时揣着明白装糊涂，说出的话总是富有“弹性”；批评别人时也可以让人乐意接受，不得罪人。

与人沟通时，不善沟通的人虽然花了很多时间，但是达不到应有的效果；善于沟通的人懂得遵守沟通的黄金法则，懂得如何措辞，懂得与人沟通的精髓是什么，最后往往能实现高效沟通的目的。因此，提升沟通水平先要提升情商，直到高情商沟通成为习惯。

《高情商沟通学》旨在帮助读者朋友们学会沟通技巧，让大家与人沟通更顺畅，效率更高，效果更显著。通过学习本书的课程，相信读者朋友们一定会受益匪浅，大大提高自己与人沟通的能力。

目 录

第三章 难说的话用心也可以说好

第四章 好话也要好好说

第五章 会说话拒人不露痕迹

第六章 讲真话不讲假话，实话不代表直说

第七章 提高说服力，有技巧地说服别人

第八章 幽默是最高级的情商

遵循沟通的7个黄金法则才能把话说好

与人沟通时，情商低的人虽然花了很多时间，但还达不到应有的效果；情商高的人虽然用了最短时间，但是取得了高效沟通的效果，原因在于情商高的人知道遵守沟通中应遵循的黄金法则。本章详细列举并附以大量案例解读沟通中应注意的几个法则。运用好这7个沟通的黄金法则，你也可以成为高情商的沟通高手。

亚佛斯德定律：以对方的需求为切入点

和他人沟通时，假如你能够找到他的心锁，激发其急切的需求，并能引导这种需求，那么你就可以无往不胜。

亚佛斯德定律首先由德国人类学家W.S.亚佛斯德提出来。他认为，假如你可以激起他人急切的需求，并能引导这种需求，那么你就可以在沟通中无往不胜；相反，如果你无法激起他人急切的需求，无法引导这种需求，那么别人就不会与你进行有效沟通。

有这样一则故事，恰好说明了这个问题：

在一个遥远的小山村里，有一处世外桃源一样的地方，那里的人们关系融洽，过着幸福、富足、祥和的生活。

可是，战争爆发了，灾难降临到他们头上。战火无情地摧毁了他们的家园，他们家破人亡，妻离子散。许多人的房子都被炸成碎片，所以他们只得露宿街头，衣不遮体，食不果腹，在刺骨的寒风中痛苦地忍受着。然而这些还算不得大灾难，忍一忍也就过去了，最令人难以忍受的是夜晚的降临，对于他们来说，夜晚就是死神，山中的野兽很可能会在夜晚向他们发动袭击。

就在这个时候，一位富翁路过此地，看到村民们的悲惨处境后深为所动，于是决定帮一帮他们。

这位富翁走进人群，对他们说："你们放心，我回去后一定给你们请来一位著名的舞蹈家，让他表演给你们看，缓解你们的痛苦。"令他不解的是，没有一个村民搭理他。富翁不解地问："我对你们这么好，你们不感激我也就罢了，为什么连句话都不愿意跟我说？"

就在这时，他突然听到一个孩子的声音："妈妈，我饿……"他突然意识到自己是多么愚蠢。于是，富翁大声对村民们说："你们放心，我明天给你们带食物来。"

令人意外的是，只有几个孩子一阵欢呼，大人们依然板着冷冰冰的脸，什么话都不说，眼神绝望。

富翁很纳闷，为什么这些人对食物也不感兴趣。此时，一个村民走来，对他说："先生，您的好意我们心领了，可是我们已经活不到明天了，您听到山中的野兽正在吼叫吗？今天晚上肯定有很多人被它们吃进肚子里。"

故事中的富翁不清楚村民们最需要的是什么，原本以为为他们请来舞蹈家就能让他们欢呼，看到饥肠辘辘的孩子后又觉得给他们带来食物就能让他们欢呼，却不知道村民们最需要的是一个可以让他们避开野兽的容身之所。

沟通也是如此。与人沟通时，最重要的是了解对方的需求。如果一个人同时缺乏食物、安全、爱和尊重，通常对安全和食物的需求是最强烈的，其次才是爱和尊重。试想一下，如果一个人的意识已经完全被饥饿占据，或者为了自身的生命安全而担惊受怕，怎么会有心思去欣赏一段优美的舞蹈呢？

与人沟通，就要认真观察、仔细倾听，迅速获悉对方最迫切的需求，然后以对方的需求组织沟通的言语，才能达到有效沟通的目的。

有一位先生十分疼爱自己的儿子，儿子喜欢打棒球，想要一套棒球衣，他爽快地答应了。

父子二人兴冲冲地来到商场，刚走进店里，热情的营业员就笑脸相迎，问他们："如果我没猜错的话，你们一定是想买一套棒球衣，对吗？"

那位先生惊讶地问："是呀，你怎么知道我们要买什么？我们还没有张口呢！"

营业员笑着解释说："是这样的，先生，您刚进来，我就发现您可爱的儿子目不转睛地盯着我们体育专柜的棒球衣。"

那位先生看了看可爱的儿子，发现小家伙正用一双渴求的目光盯着棒球衣。营业员不失时机地说："先生，您看他那眼神多专注！您还忍心带他去别的店逛吗？"

那位先生笑了笑说："好，就在这买了，帮他选一套合适的吧！"

付完款后，营业员又对那位先生说："打棒球怎么能没有汗衫和长袜呢？我们这里有新到的一款汗衫和长袜，相信您的儿子穿上一定特别帅。"

那位先生觉得营业员的话没错，多买些衣物配成一套是很必要的，于是很爽快地买下了。

付完款后，营业员又亲切地问先生的儿子："小弟弟，你有球鞋吗？看我们这几双球鞋是不是很酷？穿上它，你一定能打好棒球。"

那位先生本来没有买球鞋的打算，可是听了营业员的话，又看了看待在店里不想走的儿子，开始犹豫起来。

营业员连忙抓住时机，对先生说："您儿子很英俊啊！如果再穿上这双球鞋，肯定会显得更加英俊，更加精神，您觉得呢？"

既然营业员都这样说了，儿子又想要，能有什么办法呢？只能再买一双球鞋了。

案例中的营业员的确是一位沟通高手，会揣摩客户急切的需求，并能引导客户的需求。试想一下，假如她不肯开口多讲一句话，也许这对父子不会选择在她的店里买衣服，或者买了衣服后就直接离开了。而营业员很热情地问清楚了顾客的需要，又顺便介绍其他商品，甚至还询问小男孩是否缺少球鞋，最终成功把棒球衣、汗衫、长袜和球鞋推销出去。

一个好的交流者必定是一个善于观察的人，因为交流是一个双方互动的过程，不懂得观察就无法掌握对方的需求，只能自说自话，这谈不上是有意义的交流。

找到心锁是良好沟通的开端，因为只有知道他人最在意什么，才能明白自己该说什么，才能把一切都掌握在自己手中。

欲擒故纵：巧妙周旋更易达成目的

太直接的沟通方式不能奏效时，可以采用迂回战术，先肯定对方，等对方的心情好些后，再说出自己的意见。欲擒故纵的方法可以助我们赢得对方的信任和认同，消除对方的防备，使谈话顺顺利利地进行下去。

与人沟通时，经常会碰到一些意想不到的事情，而这些猝不及防的事情往往让人陷入进退维谷的窘境，弄得人狼狈不堪。我们难免会遇到一些无理取闹的事情，也难免会遇到一些强势的人，此时就可以使用欲擒故纵法，利用良好的语言应变能力巧妙和对方周旋。

欲擒故纵，也就是先赞同对方的观点，让对方尝到甜头，等他放下戒心后再反对他。许多人不懂得周旋，直接顶撞对方，甚至大发一通怒火，大骂对方一顿，最后对方还振振有词，你自己却气得浑身打战。

如果发现对方反感，我们应该及时打住，通过肯定对方的方式令其放松，缓和一下气氛，这样才能使谈话顺顺利利地进行下去。

一次，著名的足球评论人黄健翔要采访荷兰的球星古力特。一见面，古力特就对黄健翔说："不好意思，我从来没有接受记者采访的习惯。”当时，黄健翔不知道该怎么办，场面非常尴尬。

古力特转身要走，黄健翔连忙说：“抱歉，我想您应该是误会我了，我这一次可不是来采访您的。”

听了这话，古力特非常好奇，停下了往前走的脚步。

黄健翔接着说：“其实我这次来，是想把我最美好的祝愿送给您，并且给您带来了许多来自中国的信件，它们都是您的球迷写的，大致的意思可以用一句话概括：‘祝您万事顺心。’”

听到这番话，古力特非常感动，对黄健翔说：“中国的广大球迷这样做，真的很令我感动。”

看到这样的情形，黄健翔知道谈话可以继续了，于是接着说：“既然是这样，我能代表中国的广大球迷向您问几个问题吗？”

古力特依然沉浸在感动中，所以爽快地答应了黄健翔的请求。

遭到拒绝后，黄健翔采用欲擒故纵的策略，首先告诉古力特自己不是来采访的，而是以中国球迷的身份向他表示祝愿并询问他几个问题，最终获得和他说话的机会。

欲擒故纵的方法可以助我们赢得对方的信任和认同，然后争取和对方说话的机会，你就可以趁热打铁，抓住时机提出自己的观点，成功地把交谈继续下去。

被对方拒绝是一件比较尴尬的事情，很可能导致接下来的话题无法顺利地进行下去，让对方接受自己的观点也将变得更加困难。欲擒故纵法比较适合害怕被对方拒绝的情况，甚至适用于被对方拒绝后的情况。这种沟通方式是站在对方的立场上，赞同对方的观点，甚至可以跳过刚才谈论的话题，具有缓和气氛的效果，等对方的戒心消除后，再相机行事，实现自己的沟通目的。

那么，应该如何沟通，才算是欲擒故纵呢？应该注意以下两点：

1. 保持平和的情绪

古人说：“匹夫见辱，拔剑而起，挺身而斗，此不足为勇也。”你的失态不会令对方感到惧怕，反而会令对方感到得意。遭到他人的拒绝时，首先要做的就是不要激动，控制好自己的情绪。因为反击他人时，保持平和的心境是非常重要的，既能表现自己的涵养，又能冷静地组织语言反击对方。

萧伯纳的名剧《武器与人》首次演出时，立即获得了很大的成功。应观众的要求，萧伯纳来到台前谢幕，没想到竟然有一个观众大喊一声：“烂透了！”面对如此无礼的语言，萧伯纳没有气冲冲地冲上去，而是微笑着冲那人鞠了一躬，很有礼貌地说：“我非常同意你的意见，朋友。”然后，他耸了耸肩膀，指着正在热烈喝彩的观众说：“但是，我们两个人反对这么多观众又有什么用呢？”顿时，观众向睿智的萧伯纳报以雷鸣般的掌声。

2. 发起有力的反击

生活中总会碰到一些无理取闹的事情，此时，好言劝阻某个人的不良行为，只会让他反过来顶撞你，倒不如向对方发起有力的反击，一下子击中对方的要害，让对方知难而退。

有一个无赖经常愚弄他人，看到他人被耍后就拍手大笑。一天，这个无赖在门口吃面包，忽然看到一位老人骑着毛驴，哼着小曲走了过来。于是，无赖冲着老人喊：“嗨！吃块面包再走吧？”老人听到喊话后，立即从毛驴上跳下来，客气地说：“非常感谢你的好意，可是我已经吃过早饭了。”无赖拉长了脸，不满意地说：“你答什么话呀，我问的是毛驴，又不是你。”愚弄完老人后，无赖拍手大笑。

老人本来以礼相待，没想到竟然被如此羞辱，他很气愤，可是又不能拿这个无赖怎么样。老人眼珠一转，突然计上心头，照着毛驴脸上“啪、啪、啪”扇了三巴掌，恶狠狠地说：“出门时我问你在城里有没有认识的亲戚，你偏说没有，我看你是不老实！没亲戚人家怎么会请你吃面包？”说完，老人又朝毛驴的屁股上打了两鞭子，然后，老人翻身骑上驴背，扬长而去。

老人很睿智，心想：既然你用毛驴来羞辱我，我就用同样的方法羞辱你。在生活中，遇到无礼的人时，欲擒故纵是教训对方的一个好方法，也是反击的一个好方式。

先发制人：率先张口占尽主动权

战争讲究掌握主动权，与人沟通也是同样的道理。如果能先发制人，掌握说话的主动权，就可以收到意想不到的效果，引导整个谈话的过程。

古话说得好："先发制人，后发制于人。"与人沟通时，率先张口的人往往能抢占先机，稳占说话的主动权。

中国人说话都非常含蓄，就算遇到很重要的事情也喜欢先寒暄几句。可是，意外常常就发生在这个时候，寒暄过后，我们往往发现话题已经偏离了自己要谈的重点。因为太含蓄，对方也不清楚我们的目的和重点。

然而，情商高的人知晓其中的关键，他们懂得抢占谈话的主导地位，突出谈话的重点；那些情商低的人因为无法抢占谈话的主导地位，只得任由对方天马行空地扯开话题，被对方"牵着鼻子走"。

振磊和如萍已经谈了5年的恋爱，最近振磊一直计划着向如萍求婚。尽管他已经买好钻戒，并把钻戒一直带在身上，可是却一直没有找到合适的机会为她戴上。他决定采取行动了。

第一次，振磊把鲜花和烛光晚餐都准备好了，营造出一种十分浪漫的气氛。见面前，振磊在心底酝酿着求婚词，可是世事难料，如萍一见面就滔滔不绝地说，丝毫不给振磊说话的机会。所以，振磊一直没有找到合适的机会把戒指拿出来。

第二次，振磊吸取教训，没有进行特别的准备，计划在一个平凡的瞬间给如萍一个惊喜，他决定在送如萍回家的路上求婚。可是，正当他从兜里往外拿戒指时，如萍突然开口说："振磊，咱们这个周末一起去电影院看电影吧！我听同事们说最近新上映了一部不错的电影。"就这样，振磊又一次失去了求婚的机会。

第三次，振磊把如萍约到后海边，对她说："亲爱的，咱们已经相恋5年了。这些年来，咱们打打闹闹，大小矛盾不断，记得有一次，咱们因为一点小事吵架，你闹着和我分手……"不等他说话，如萍就打断他说："说这些干什么，咱们是来玩的，快走！从这里走到南锣鼓巷去，那里好玩。"振磊无奈地叹了口气，求婚的计划又一次破灭。

经过前三次的求婚失败，振磊终于开始反思自己的问题，他决定先发制人，务必取得成功。这一次，他买好鲜花，见到如萍后立即单膝跪地，深情地说："如萍，嫁给我吧！我已经试着向你求婚三次了，可是每次话没说出口就被你打断了。这一次我想直接说出来，省得再被你打断。虽然我这个人不够帅，钱没那么多，口才也不够好，但是我有一颗爱你的心。咱们相恋5年了，你对我的脾气已经很了解，不用我多说什么了，今后我会一如既往，一辈子都对你好。答应我，嫁给我！好吗？"

振磊前三次求婚失败，就是因为他没有抢夺话语权，每一次刚张口就被如萍抢去话头，把握不住求婚的机会。其实，我们平时经常会遇到这种情况，明明是为了一件事情专门找某个人商谈，可是最后竟然被对方“牵着鼻子走”，始终找不到机会说出自己的事。尤其是那些性格比较内向的人，更容易让对方主导话题。

所以，当你遇到十分重要的事情，目的十分明确时，应该开门见山地摆明谈话的重点和目的，并围绕这个重点展开交谈。比如，你可以明确告诉对方“我要和你聊的是……”或“我想说的是……”这样一来，对方就只能顺着你的话题往下走，自然没有办法说别的了。

1972年12月，欧洲共同体举行了一次谈判，谈判的主题是分摊费用。在会议上，英国首相撒切尔夫人首先表示，英国在欧洲共同体负担了太多的费用，但是并没有获得相应比例的回报，所以应该把英国每年负担的费用减少10亿英镑。

听了撒切尔夫人的话后，各国首脑都很惊讶。半天过去了，各国首脑给出意见，提出把英国每年承担的费用削减2.5亿英镑，因为他们觉得削减2.5亿英镑是一个比较合理的做法。但是，素有“铁娘子”之称的撒切尔夫人却不同意，她要为英国争取更大的利益，因此坚持原有的立场，丝毫不肯让步。就这样，双方相持不下，谈判陷入了僵局。经过多次协商，欧洲共同体最终同意把英国每年负担的费用削减4亿英镑。

撒切尔夫人采用先发制人的策略，首先提出一个欧洲共同体不可能接受的数字，通过这种方式改变各国首脑的预期目标，再通过多次谈判的方式达到自己的预期目标。不过，这条沟通法则并不是说我们交流之前寒暄几句不好，而是提示我们，寒暄之后一定要直接说出自己的主题，争取谈话的优势地位。

绵里藏针：过刚易折不如柔中带刚

锋芒毕露显得太过刚强，而太过刚强则容易折。此时，“绵里藏针”不失为一种反击的好办法，既让对方抓不住你的辫子，又显得反抗更有力量。

“绵里藏针”指的是外表柔和，内心刚强，与人沟通时可以让人感到刺痛，但又不过分伤人。与人沟通时，因为要考虑到自己的风度和他人的自尊，所以往往不能用太过尖锐的语言批评他人，而要用“绵里藏针”的技巧，表面上十分柔和，实际上给对方一个难以忘记的教训。

应对他人的无理行为时，可以直言相告，可是有时候锋芒毕露并不是一种最好的选择。直接反抗看似强硬，实际上并没有“绵里藏针”效果好。因为直接反抗很可能被对方找到化解的破绽，而“绵里藏针”却会让对方自食其果，又拿你无可奈何。正如发生在苏格兰诗人彭斯身上的一件有趣的事。

一天，彭斯在泰晤士河畔遇到一位落水的富翁，正被一个冒着生命危险的人救了出来。那个富翁非常小气，只肯给自己的救命恩人一块钱作为回报。围观的路人看不下去了，都觉得那个富翁太无耻了，一致要求再把他丢到河里去。可是，彭斯上前制止了大家，并对大家说："我们把他放了吧，他很清楚自己的命值多少钱。"

与人交流时，应该注意语言的分寸，假如不想违背自己的原则，同时也不想太过强硬，就可以使用"绵里藏针"这一计策。

"绵里藏针"讲究的是说话迂回，使对方在精神上得到一些满足，从而减少因为顶撞而产生的不满。所以，在语言策略上，一定要采用"先肯定后否定"的形式，语句一定要委婉，给对方留有余地。这样既可以委婉地拒绝对方，又可以给自己留一条退路。

英国大作家萧伯纳年轻时身体特别瘦小。一次，他参加一个宴会，在宴会上遇到一位大腹便便的人公然取笑他说："萧伯纳先生，第一眼看到你，我就知道世界上还有一些地方在闹饥荒。"周围的人听到后，都为萧伯纳捏一把汗，担心他不知道怎么应对。没想到，萧伯纳竟然十分有礼貌地回答说："我也是这样，第一眼看到你，就知道那些地方闹饥荒的原因了。"听了萧伯纳的回答，在场的人无不敬佩他的机智。

1984年，类似的事情也发生在里根身上。当时，美国总统竞选，里根和对手蒙代尔正在进行电视辩论。在辩论的过程中，蒙代尔自称年轻力壮，攻击里根的理由是他的年龄太大了，不适合当总统。作为回击，里根回答说："蒙代尔说我年龄大，精力不够充沛，虽然他很年轻，不够成熟，但是我不会在竞选中利用他这些缺点。"这句话说出后，现场立即爆发出雷鸣般的掌声。

蒙代尔年轻气盛，面对他的挑衅，睿智的里根并没有以牙还牙，更没有破口大骂，而是用“绵里藏针”的计策给对方以反击。这种反击方式既不失风度，又给人一种沉稳持重的感觉。

试想一下，假如装聋作哑，不加以反驳，就会显得缺乏机智，给人一种难有作为的印象。里根根据自己的长处和对方的短处，采取了“绵里藏针”的策略，以己之长，攻彼之短，让对方没有还击的机会，只能搬起石头砸自己的脚。通过这一番较量，里根展现出自己的足智多谋和宽容大度，同时又委婉地抨击了对方的浅薄和狭隘，让观众觉得自己更能胜任总统职务。

在现实生活中，我们可能会遇到各种事情，甚至会遭遇他人的恶意挑衅，使得我们处于非常不利的地位。此时，“绵里藏针”、柔中带刚不失为一种好的交流方式。这种方式可以巧妙地粉碎他人的挑衅，助我们从矛盾中解脱出来。我国伟大的作家鲁迅先生就经常使用这种方式对付敌人，往往能一针见血地指出对方的缺点。

“绵里藏针”有一个非常大的作用，那就是用比较和缓的语气表达出自己强硬的态度和尖锐的观点。使用这种方法，应该注意多使用那些委婉的词语，即以“绵”争取人心，同时以“针”表明自己的观点，又狠又准地击中对方的要害。

古德定律：沟通要有的放矢

要想获得沟通上的成功，就要准确把握他人的观点。别人说完话后，不妨问一下自己："他为什么要这么说？他的目的是什么？"只有准确了解他人的目的，才能知道怎样和对方交流。

美国心理学家P.F.古德曾经提出，人际交往之所以能够成功，是因为可以准确地把握他人的观点，也就是有的放矢。这就是我们所说的古德定律。

与人沟通，一定要有一个清晰明确的目的，这是取得成功的首要条件。只有明确沟通的目的，才能在与人沟通时取得良好的效果。

小郭是一名业务员，负责的工作是给陌生人打电话预约见面，可是他总被对方挂断电话。一天，他打给一位陌生人："您好，请问是张先生吗？我姓郭，是蓝天装饰公司的业务代表，您叫我小郭就好了。您是一名成功人士，我这次打电话的目的是想向您介绍一下我们公司的产品……"

听到这里，电话那端的张先生直截了当地说："小郭，不好意思，我对你们的产品不感兴趣，而且我现在正在忙，不方便接电话，就这样吧！"说完，张先生就挂断了电话。

小郭无奈地叹了口气，对同事老吴说："您看，吴叔，又一个挂断我电话的。已经打了一个多小时了，每次和客户说两三句，客户就会把我的电话挂断。"

老吴问他："小郭，你知道为什么客户不愿意和你见面吗？因为你没有告诉客户你的目的只是想和他见一次面，也没有准确把握客户的意思。你的捧场话说得太夸张了，开口就给对方扣了一个'成功人士'的高帽子，会吓着对方的。你这样的表述太露骨了，会给对方一种你在刻意推销的感觉。"

小郭问："那我该怎么说呢？"

老吴回答说："你别忘了你的目的是什么，是通过电话约见客户，而不是在电话中把产品卖给客户。毕竟在电话中，很多事情是没法说明白的。退一万步讲，就算客户相信你这个从未谋面的陌生人，难道还能在电话中完成一笔交易？你要明白客户是怎么想的。"说完，老吴拿过电话，对小吴说："你看我怎么做的。"

老吴拨通了陌生人的电话号码："您好，请问是周先生吧？我姓吴，叫我老吴就行。咱们从来没有见过面，不过我想和您聊1分钟，可以吗？"

周先生回答说："不好意思，我正在开会！"

老吴立即说："非常抱歉，周先生，打扰您了，请问我半个小时后打给您可以吗？"

周先生回答说："好吧！"

半个小时后，老吴再次接通电话说："周先生，您好！我是半个小时前给您打电话的老吴，您叫我现在给您打过来，请问现在方便接电话吗？"

周先生好奇地问："你是做什么的？为什么给我打电话？"

老吴回答说："我是蓝天装饰公司的业务代表，专门为中小型公司做一些办公室的设计和安装工作。"

周先生回答说："可是我对你们公司不熟悉，不敢直接和你们做生意啊！”

老吴回答说：“周先生，这一点您不用顾虑，因为我给您打电话的目的是给您带去一些资料，肯定不会立即做成生意的。您即便暂时不需要也没关系，可以先看一下资料，今后有需要时想到我就行了。”

周先生笑了笑，说：“没想到你对我还挺放心的呀！”

老吴笑着说：“即便做不成生意，也可以交个朋友嘛！我这几天刚好在您公司附近跑业务，您看明天给您送去还是后天给您送去？”

周先生回答说：“那就明天上午9点给我送来吧！”

老吴说：“好的，那就明天上午9点见！再见，周先生！”

老吴放下电话后，小郭佩服得连声叫好。

与他人沟通，能否准确地把握对方的观点具有至关重要的作用，直接决定了沟通的效率和成败。如果你对他人的想法不够明确，不妨先探明后再进行沟通。

许多人常忽略他人的意见，总是觉得自己说出的话，只要听者没有异议，就等于默认了，其实这只是主观感觉。“一千个读者就有一千个哈姆雷特”，实际上，人们存在各种沟通偏差，对同一件事的理解不可能完全相同。

实际上，想要准确把握他人的观点并非易事，否则也不会出现那么多沟通失败的案例。不能准确把握他人的观点，说出的话就不能直抵对方的心灵，沟通失败也就在所难免了。

古德定律无疑是在提醒人们：要想完成一次完美对话，就要事先摸准他人的观点，就要学会善解人意。别人说完话后，不妨问一下自己：“他为什么要这么说？他的目的是什么？”只有充分了解他人的目的，才能知道怎样和对方交流。

避实就虚：巧妙绕开令人尴尬的话题

遇到无法应对的话题时，假如一直和对方在这个话题上纠缠，就会让自己变得被动。此时，可以使用“装作不知道”的办法，避实就虚，巧妙绕开令人尴尬的话题。

掌握说话的技巧既可以让人左右逢源，又可以在陷入困境时化险为夷。当我们遇到比较难回答的问题时，最重要的是利用一些策略，在不得罪人的前提下维护自己的利益。

在人与人交往的场合中，你会遇到各种各样的人，其中不乏那些处处让你为难的刁钻刻薄之辈。此时，可以使用“装作不知道”的办法，绕开令人尴尬的话题。

乾隆时期，有一位能言善辩的大臣叫刘墉。都说“伴君如伴虎”，这话一点都不假，与乾隆皇帝的相处过程中，刘墉几次面临危机，却凭自己的三寸不烂之舌巧妙化解了。

一次，乾隆皇帝和刘墉在承德避暑山庄度假，二人看到一尊弥勒佛像。乾隆皇帝突然指着弥勒佛像问刘墉道：“佛为什么对朕笑？”其实，乾隆皇帝当然知道弥勒佛笑口常开，见了任何人都会笑，之所以这样问刘墉，就是为了刁难他，给他难堪。

刘墉回答说："皇上是文殊菩萨转世，也就是当今的活佛，佛见了佛当然要笑。"刘墉避实就虚，巧妙地绕开话题，不仅回答了乾隆皇帝的难题，还趁此机会"拍了个马屁"。

没想到，乾隆皇帝又接着问："那佛为什么也对你笑？"

既然已经说了"佛见了佛当然要笑"，如今弥勒佛见了刘墉也笑，岂不是说刘墉也是佛？如此一来，他就和乾隆皇帝平起平坐了，那可是大逆不道之罪。乾隆皇帝提出这么刁钻的问题，回答不好甚至有可能掉了脑袋。

刘墉又一次避实就虚地回答说："佛对臣笑，是因为佛在笑臣成不了佛。"这一次，刘墉巧妙地绕开了"佛"这个主题，抓住"笑"做文章，把"笑"解释成嘲笑，既巧妙地回答了乾隆皇帝提出的问题，又不使自己落一个大逆不道的罪名。

正是利用了避实就虚的说话技巧，刘墉才得以化解乾隆皇帝出的难题，摆脱尴尬的处境。而在我们的生活中，很多人都难免遇到类似的刁难，不回答显得自己不够礼貌，直接回答又会触犯自己的利益或暴露自己的隐私，那么该怎么做呢？

你也可以尝试着使用避实就虚的说话技巧，遇到不好回答的问题时，就装作什么都不知道，躲开别人说话的锋芒，摆脱尴尬的局面。不过，避实就虚要注意一定的方式，最关键的是躲闪避让的机智。虽然是在表演，但是要表现得自然一些。

王小姐是一家酒店的服务员。一天，酒店里来了几名男青年，目不转睛地盯着王小姐，其中一个青年无礼地问："你就是王小姐吧？我一个哥们说你长得非常漂亮，我们来看一下究竟有多漂亮。现在看来也就那样吧！我哥们的眼光很一般啊！"说完，其他几个青年哈哈大笑。

面对这样的侮辱，肯定不能破口大骂，因为那样既影响酒店的声誉，也丢了自己的教养，甚至还有可能把自己置于危险中。义正词严地反击行吗？也不行！因为会让那几名男青年下不来台。

王小姐没有发怒，而是温声细语地说："别光说漂亮话呀！你们是来喝酒的吧？要点什么下酒菜？我立即去通知后厨。"

王小姐装作什么都不知道，避实就虚，直接问："你们是来喝酒的吧？要点什么下酒菜？"既不失礼貌，又尽到了服务员的责任。"别光说漂亮话呀！"表面上看是在夸奖那名男青年，实际上是在讽刺他。

有时候，装作什么都不知道，可以让双方沟通得更顺利。因为当与人沟通陷入被动时，直接正面回答问题或者抓着原来的话题不放，只会导致自己更加被动。回避实质性问题，避实就虚地偷换概念，顺利为自己解围，才是最好的应对方法。

一些人担心避实就虚总是绕来绕去的，会给人一种缺乏真诚的感觉。其实，它不过是一种趋利避害的应对策略，目的是转移他人的关注点，让自己免于尴尬。所以，当你遇到令人尴尬的问题时，不妨选择巧妙绕开，用避实就虚的策略，助你不战而屈人之兵。

渐入佳境：做好铺垫再逐渐进入主题

直抒胸臆总是给人一种太突然、缺乏深思熟虑的感觉。此时，不妨使用渐入佳境的方法，先做好铺垫，再逐渐说出主题，让对方慢慢明白你的立场和态度。

《红楼梦》中，刘姥姥进大观园的片段给大家留下了深刻的印象。贾母问刘姥姥大观园好不好时，刘姥姥并没有直接回答“好”或“不好”，而是先念了一声“阿弥陀佛”，然后像讲故事一样说：“我们乡下人到年关，都上城来买画儿贴。时间长了，大家都说，怎么也得到画儿上去逛逛。想着那画儿也不过是假的，哪里有这个真地方呢？谁知我今儿进这园里一瞧，竟比那画儿还强十倍。怎么也得有人照着这个园子画一张，我带回家去，给他们见见，死了也值得。”

赞美大观园时，刘姥姥先介绍乡下人过年买画的习俗，像唠家常一样又说盼望有朝一日到画里去逛逛，烘托出图画的美。此时，她话锋一转，说不信世上有这么漂亮的地方。等做好了这些铺垫，她又话锋一转，说眼前的园子比画上的更漂亮。

回答贾母的问题，原本不用这么麻烦，直接说“好”就行了，可是刘姥姥却故意“迂回”绕弯子，使赞美的效果大大增加。本以为刘姥姥的话已经结束，可是刘姥姥此时说的话还是在铺垫，为了让人以为她说的毫不夸张，她又说“怎么也得有人照着这个园子画一张，我带回家去，给他们见见，死了也值得。”话说到这里，才算是入了“佳境”。

大家都喜欢听循循善诱的教导，因为循循善诱的谈话让人觉得真诚，真正的沟通高手都深谙此道。因此，你越想高效地传达自己的观点，就越不能直白地表达，应该做足充分的铺垫工作。

有这么一个传说。有个叫伊凡的樵夫，在某天上山砍柴时迷了路。黄昏时，又累又饿的伊凡终于在荒凉的山坳里发现了一户人家。

“里面有人吗？”伊凡上前敲门。出来开门的是满脸皱纹的老太太。

“亲爱的老奶奶，您好！”口齿伶俐的伊凡又是敬礼，又是请安，“我在山里迷了路，想借宿一宿，行吗？”

老太太说：“可以，你就住到柴房里吧。”

伊凡又请求道：“老奶奶，您再行行好，我一天没吃东西了，给点吃的吧？”

“可是我家什么吃的都没有。反正天很快就要亮了，你就忍耐一宿吧。”

“真小气！”伊凡心里暗暗叫苦，脸上却微笑着说道，“没关系，没关系。不过，你锅子总是有的吧？”

“锅子是有的，不过你用来做什么？”老太太好奇地问。

“煮斧头。”伊凡从腰间取出一把斧头，在水里洗得一干二净。

“斧头怎么能吃呢？”好奇的老太太想看个究竟，就把锅子借给了他。

伊凡把斧头和水放进锅里煮了起来。不一会儿，水开了，他尝了一口，说道：“要是放一点儿盐就好了。”老太太就给了他一些盐。

伊凡又尝了尝说：“真美味啊。要是再加一点儿油，味道就更好了！”老太太又给了他一点儿油。

伊凡把油倒进去，搅了搅，又尝了一口说：“不错，不错。再加点土豆味道一定更棒。”老太太又拿出来一捧土豆。最后，伊凡笑着对老太太说：“可以吃啦，我们一起来吃吧。不过，最好再加点面粉。”这时，老太太才发觉自己上当了，不过已经这样了，她也只好忍痛舀了一碗面粉。

聪明的伊凡采用了循循善诱的方式让老太太一点点做出让步，最终达到了自己的目的。虽然一开始讨要吃的遭到了无情的拒绝，看似毫无回旋的余地。伊凡却并没有“死缠烂打”，而是立刻放弃了请求，转而求一口锅，把目标分解，一步步让对方做出让步，直到完全妥协。

实际上任何时候做任何事都要讲究一定的策略，人际沟通也同样如此，先做铺垫再抛出主题的沟通方式往往会更容易打动对方。

所谓会说话，其实就是运用各种说话技巧，让自己说出的话更生动、更吸引人，“渐入佳境”的说话策略无疑是沟通高手的“撒手锏”。但是要注意的是，这种说话技巧虽好，也要把握好度，不能铺垫得太长，否则会让对方失去耐心，最后导致你要讲的话没有机会说出口。所以，使用渐入佳境的策略时，不要忘记一个原则：一切都是为主题铺垫的。

善用对方的心理，让沟通更有效果

“知己知彼，百战不殆。”一个高情商的人应该学会揣摩对方的想法，看透对方的心理。如果能看透对方的心理，与人沟通时，就能根据对方的所思所想随时调整自己的话语。那么，如何知道对方究竟在想什么呢？读了这章的内容，相信你就能学会这项本领。

嫉妒心理：失意人面前，别说得意事

失意的人是最脆弱的，也是最敏感的。在失意的人面前谈论得意的事情，他很可能会把你的话语看成是对他的嘲笑，就算你是无心的，他也会因此耿耿于怀。

生活中许多人都喜欢在人面前炫耀自己的成绩，遇到人就说自己多有能耐，多有钱，丝毫不顾及他人的感受。即便听者刚遇到失意的事情，正处在人生的低谷，他们也肆无忌惮地谈自己得意的事情。原本，他们是想通过谈论自己的成绩获得大家的敬佩，从他人身上寻找到被肯定，被认可的存在价值。却不知，很少有人愿意听不关乎自己利益的事，尤其是"认证"别人活得更好这件事，更令人反感。

如果身边的朋友正处在失意的状态中，请停止你的炫耀，否则会让对方感到不愉快，慢慢地疏远你，甚至对你怀恨在心。比如，一个做生意刚失败的朋友找你诉苦，你却大谈自己多么成功，肯定会惹怒他。反倒不如谈一谈你当年做生意跌得多么惨，让他明白"失败是成功之母"，帮他重新建立自信，以图日后东山再起。

由于经营不善，梁斌的公司不久前破产了，追债的人每天都堵着他家的门。更不幸的是，妻子此时拿着离婚协议书逼梁斌签字，想离开这个支离破碎的家。梁斌可以说是内外交困，已经很难支撑下去了。

身边的朋友都知道梁斌的遭遇，因此遇到他时都刻意避免谈论和事业有关的事情，但是，喜欢喝酒的刘俊却没有忌讳这一点。酒桌上，几杯酒进肚里后，刘俊开始大谈自己曾经的风光岁月，说到得意处还手舞足蹈的。原来，当初刘俊做生意赚了很多钱，如今住着豪宅，开着豪车，所以忍不住在大家面前炫耀自己挣钱的本领。

梁斌早已听不下去，面色很难看，羞愧地低下头。刘俊却拍着梁斌的肩膀说："怎么样，兄弟？要不以后跟我混去？"梁斌没有接话，却说："我先去洗手间洗把脸。"然后借此机会离开了。

梁斌为什么离开，大家都心知肚明，只有刘俊一个人还不知道怎么回事。

事后，梁斌再没有和刘俊见面，总是有意无意地躲着他。

在失意的人面前炫耀自己的风光，能不得罪人吗？刘俊就是因为不懂得这点，才把自己的朋友气跑了，最后失去了这个朋友。

不分场合、不分对象张扬自己，是低情商的表现。当你处于顺境、春风得意时，和人交流要充分考虑对方的性情，避免无意中伤害对方的自尊心。

诚然，事业有成，生活美满……这些都是值得庆贺的事情，但是不要得意忘形，更不要无视对方的心理，尤其在失意人面前张扬你的春风得意，无疑是在他们的伤口上"补刀"。如果因此而激起他人的怨恨，破坏了人际关系，是非常不值得的一件事。

趋利效应：投其所需，对方才会认真考虑

“天下熙熙，皆为利来；天下攘攘，皆为利往。”人人都有占便宜的心理。与人沟通时，可以利用这种趋利效应，以利相诱，达成自己的目的。

所谓投其所需，就是运用高超的说话技巧迎合对方的心理，让对方有一种机不可失的感觉。许多优秀的销售员都使用这种说话技巧提升自己的销售业绩，这种技巧还被广泛运用于谈判中。

张仪为了游说楚王和秦国站在统一战线，就投其所需，以利相诱，使得楚国和齐国绝交，完成了连横破纵的目的。

当时，秦国想攻打齐国，但是又畏惧齐国和楚国的同盟关系，担心攻打齐国时，楚国很可能会出手相助。于是，张仪请缨出使楚国，对楚王说：“假如大王听从我的建议，和齐国废除盟约，断绝来往，我就把商於地方的六百里土地献给楚国，并且把秦国的美女送来做您的妾婢。从此之后，秦国和楚国永休刀兵，互通婚嫁，世世代代结为兄弟之邦。”楚王非常高兴，答应了张仪的建议。

大臣们都来祝贺，陈轸却非常哀痛。楚王愤怒地问：“我没动一兵一

卒，白白得到六百里土地，有什么不好的？”

陈轸回答：“秦国之所以这么重视楚国，是因为咱们楚国和齐国是盟友。如今咱们和齐国断交，等于是孤立了自己，秦国还肯把商於六百里的土地拱手让给一个孤立无援的国家吗？一旦回到秦国，张仪就会背弃大王。”

楚王斥责道：“你别再胡说了，就等着我接收大片土地吧！”于是，他把国相大印授给张仪，给了他丰厚的赏赐。并下令和齐国断交。

不久，秦国与齐国建立了邦交。张仪这才接见了前来收取土地的楚国使者。张仪见到楚国使者后，故作惊讶地问：“你怎么还不去接收秦王赐予的那六里土地呢？”使者禀告楚王后，楚王勃然大怒，意欲派兵攻打秦国。秦国和楚国在丹阳大战，楚国战败，迫于形势，只好向秦国割地求和。

张仪的成功，楚国的失败，都离不开一个“利”字。而现今的销售行业中，趋利效应更是屡见不鲜。一些客户也许会犹豫是否购买一件降价的产品。不过，如果为这件产品规定时限或限购，很快就会被抢购一空。每一个人都有趋利的心理，所谓“机不可失，失不再来”“过了这个村，就没这个店”，在外界环境的压制下，客户极易产生强烈的心理不平衡：同样的产品，现在购买能省一笔不小的费用，以后再买就不值得了。正是这种心理促使客户做出马上购买的决定。

有一家报社在即将刊印的报纸中出现了大版广告版面空缺的现象，于是广告业务员计划说服一位做特约小广告的企业接下这个大版版面。如何才能完成这项艰巨的任务呢？请求对方？或许会成功，却未必能达到预期的效果，还可能被对方牵着鼻子走。广告业务员准备了一套说服方案，向顾客表明这是一次难得的机会。

他对顾客说："赵总，我有一个非常好的机会，谁都没有告诉，刚听到这个消息就来告诉您了。"

赵总好奇地问："什么机会？"

广告业务员回答说："是这样的，我们下期的报纸有一个大版广告块，原本已经预定了顾客，但是由于原先的顾客推迟了开业时间，所以临时调换了日期。就这样，空下来的这个版块就有了很大的优惠，价格低了不少。我听到这个消息立即就想到了您，想把版块给您留下，不能便宜了外人啊！"

赵总说："我们不过是一个中档酒店，用不了这么大的版面吧？是不是太浪费了？"

广告业务员说："您的酒店搞活动，放在小版块里多不起眼，潜在客户根本看不到。我觉得放到大版块里更合适，宣传效果好多了，您就相信我说的话吧！平时这个大版块的费用比这高多了，因为咱们关系不错，我才第一个通知您。如果我告诉其他人，相信他们肯定争着抢着要。"

赵总说："那好吧，我听你的。"

广告业务员利用了"趋利效应"，先用价格战攻克对方的心理防线，再制造了竞争对手给予的紧迫感，从而成功说服客户。案例中赵总的心理正是生活中每一个人都会有的心理，容易被利益蒙蔽，不是为了需求而付出，而是为了便宜而付出。

"这事你如果听我的，我保证你……""你就按照我告诉你的做，肯定错不了"这些都是利用趋利效应让对方认真考虑你的话。面对意料之外的利益，很少有人能够抗拒。所以，与人沟通时，可以利用这种趋利效应，达成自己的目的。

同情心理：适当示弱，激起对方的恻隐之心

不管道德品质优劣，人们都有同情心理，因为人的同情心是与生俱来的。基于此，我们可以利用口才的艺术，适当示弱，用充满感情色彩的语言唤醒他人的感受，让对方进入我们设置的情境中。

我们经常能在车站看到一些长相秀气、衣衫褴褛的小孩子，手里拿着报纸，不辞辛劳地向别人兜售。这些孩子很聪明，知道如何说话更能打动人，也知道哪些人不会拒绝他，他们经常选择那些年老的长辈说："爷爷、奶奶，请你们买份报纸吧，我是个孤儿，没饭吃。"或者选择那些年轻的女孩说："姐姐，我需要赚钱买点吃的，你能买份我的报纸吗？"他们的声音很轻柔，听着让人心疼，任谁都不忍心拒绝。

亚当·斯密曾说："最大的恶棍，极其严重地触犯社会法律的人，也不会全然丧失同情心。"研究发现，我们每个人从儿童时期就已经有同情心了。只要你方法得当，就能激起别人内心的善意和同情。

有这么一个故事：

一天，一个小偷悄悄地爬进一户人家的房子里。等爬进房子里后，

他发现，原来这是一个穷苦人家：屋子里破败不堪，连一件像样的家具都没有。小偷看了看破旧的桌子，上面放着一碟咸菜，甚至家里的佐料只有盐。

看到这里，小偷再也受不了了，恻隐之心油然而生，不仅没有偷走任何东西，还在离开时给屋子的主人留下几百块钱。临走前，他还给主人留下一张便条，请他用留下的钱换把新锁。

这家的主人回家后，一眼就看到了小偷留下的那张便条，看完后他一动不动地愣在原处，无论如何都想不到小偷竟然会做出这种事情。

殊不知，小偷之所以这么做，就是因为动了恻隐之心，看到别人家徒四壁，突然想起以前受穷的自己。于是，他索性什么也不偷了，反而给这家的主人留下几百块钱。

人人痛恨的小偷尚且如此，更何况是善心未泯的普通人呢？既然如此，我们大可以运用语言技巧，激起对方的恻隐之心，从而实现沟通的目的。

如果先唤起他人的同情心，再去请别人帮忙，就可以大大减少被拒绝的概率。

正因为人人都有同情弱者的天性，如果我们在言语间透露出自己的弱势，就可以卸下对方的防备，拉近双方的感情和心理距离。能让对方更喜欢你，对你的要求也会更容易满足。

曾经有一个山区的小女孩，被人拐卖到一个大城市里。那天晚上，小女孩被锁进一个小屋子里，刺骨的寒风冻得她瑟瑟发抖，她蜷曲在一个角落，心中很害怕。

就在这时，房门突然打开了，一个中年男子走进来。小女孩很聪明，她压制住内心的恐惧，柔声细语地喊了一声：“叔叔！”中年男子听到小女孩喊自己“叔叔”，立即愣在原地，不知所措地盯着小女孩看。

小女孩接着说：“叔叔，我一看就知道您是好人。您和我爸爸的年纪差不多，不过我爸爸是个农民工，比您工作要辛苦，前几年从二十几层楼的房子上摔下来，因为失血过多当场就死了。这几年就剩下我和妈妈两个人相依为命，看到您我就想到我爸爸了。”说着，小女孩小声哭起来，眼泪哗哗地往下流。

中年男子静静地听着小女孩的哭诉，很长时间都没有说话，最后低着头说：“你快跑吧，小姑娘！”说着打开了房门，放小女孩走了。

小女孩十分聪明，遇到坏人时懂得故意示弱，知道如何拉近双方的情感，更懂得讲述自己可怜的身世，来激发对方的同情心。小女孩拿中年男子和自己的爸爸比，还说那中年男子是一个好人，更加强化了他的同情心，最终逃脱了一场劫难。

如果在沟通中强硬地施加影响给别人时，他们往往会抵触。但当你让他们觉得你毫无杀伤力，甚至值得帮助你时，他们往往更能满足你的要求，也会对你做出更大的让步。

人们普遍对比自己强大或势均力敌的对手怀有警惕心，而对比自己弱小的对手放松警惕。因此，在沟通的过程中，善用对方的同情心理，故意示弱，使对手松懈，是回避矛盾达成说服目的的一种巧妙方法。我们知道，强硬的态度往往不能达到目的，以柔胜刚或许更有效果。

同理心理：站在对方的立场上说话，更能打动人

人们在沟通中往往有一种防范心理。要想消除对方的防范心理，可以站在对方的立场上，给他一种你在为他着想的感觉，这样才能让你在与人沟通时游刃有余。

人与人之间是存在距离的，相互之间都会有防范之心，与人沟通时更会让人警惕起来，因为防范心理的产生其实是一种自卫。所以，要开展一场有效的沟通，就要充分利用语言技巧，消除对方的防范心理。那么，如何才能消除对方的戒备心呢？

除了建立良好的第一印象外，你还应该站在对方的立场上思考及回答，实际上就是做一名善解人意的好听众，根据对方的所思所想，灵活调整自己的说话方式。

有一家精密仪器制造厂，为了集中精力生产出新型产品，就将生产零部件的任务委托给一家小工厂。

几个月后，小工厂的负责人把所有零部件都运送过来，没想到竟然出了问题。原来，精密仪器制造厂给的图纸是错误的，小工厂按照图纸生产出的所有零部件都是半成品，不合乎精密仪器制造厂的质量要求。

精密仪器制造厂的负责人江总要求小工厂尽快重新制造，可是小工厂的负责人赵总据理力争，指责江总说："我们是按照你们提供的图纸生产的，现在出了问题，责任在你们而不在我们，凭什么重新制造？再说了，这么大的批量，不是三五天就能完成的工作，你们要的这么急，我们厂哪有那个实力？"就这样，江总要求返厂重新生产，赵总不想承担这个责任，双方僵持了很长时间。

这种局面非常不利于问题的解决，继续拖延下去，将会大大延迟新产品的研发，给公司带来不可估量的损失。因此，江总主动约赵总一起吃饭，对他说："刚才真是对不起，这件事的责任完全在我们，都是因为我们公司的设计部门工作上出现纰漏，才导致出现这么大的问题。还好你及时把这批货送过来，才让我们及时发现错误，避免了其他几个厂继续使用错误的图纸制造。今天请你吃饭，主要是为了表示感谢。"

赵总问："那我们那批货能通过验收吗？"

江总回答说："验收肯定是过不了的，不过这个责任理应由我们承担。既然事情已经到了这个地步，出现的问题还是要解决的，所以希望你们把产品制造得更完美一些，这样对咱们今后的合作是有好处的，你说呢？"

赵总听到江总把责任揽到自己身上，又用今后的合作做诱饵，欣然应允，保证说："您放心，既然您都这么说了，这批货我们返厂修改，不满意我们就继续修改，怎么样？"

江总最终说服了对方，就是因为他善用了同理心，并能及时站在对方的立场上沟通问题。试想一下，假如江总一味推卸责任，抱怨、指责赵总，赵总肯定会据理力争，通过反抗来维护自身利益，这对解决问题是没有半点儿好处的。

与人交流时，想要获得成功，就要体会他人的情绪和想法、理解他人的立场和感受，并站在他人的角度思考和处理问题，最终实现自己的目的。愚蠢的人经常会想办法证明他人的错误，但是聪明的人却想办法认同别人，寻求一致。因此，做人做事一定要学会换位思考，经常对自己说："假如我是他，我会怎么想呢？又会怎么处理这件事呢？"如此一来，你就可以感同身受，充分体会对方的所思所想。

常女士订购了一箱饮料，打开准备喝时，竟然发现饮料里有一小块碎玻璃，于是她气冲冲地跑到饮料公司投诉。见到总经理后，她没打招呼，也没说自己是谁，甚至把总经理伸出的手都打开了。她把饮料和碎玻璃扔到总经理桌子上，溅了总经理一身水，愤怒地说："你们公司真是黑心，竟然把碎玻璃放到饮料里，是不是想害死人呀？只想着赚钱，一点儿都不在乎消费者的死活，真是蛇蝎心肠！"

总经理已经接待了很多客户投诉，具有丰富的接待经验，面对这种指责，他没有着急分辩，更没有把前来投诉的消费者轰出去，而是诚恳地说："这块碎玻璃是从饮料里发现的？怎么回事？有没有人受伤？请您快告诉我，行吗？"

常女士情绪激动地说："我来这就是要告诉你的，不然找你来干什么？你看看你们公司，竟然把碎玻璃加进饮料里，是不是想把人害死？"

经理立即变得严肃起来，激动地说："怎么会这样？人喝下去还了得？是要弄出人命的！有没有人受伤？快告诉我！人是第一位的，赔偿的事稍后再说。"

听到这话，常女士的怒火已经消了一大半了，对经理说没有人受伤。经理如释重负地出了口气，拿出手帕擦了擦额头上渗出的汗，说：“谢天谢地，还好没事。我代表全公司感谢您，多亏了您，我们才找到工作中的重大安全问题。我一定把这件事情通报给全公司，让大家引以为戒，今后务必杜绝再发生类似的事件。至于您的损失，我会照价赔偿，您看怎么样？”

听了经理的话，常女士也表示理解地同意了，对经理说：“你这个人挺负责的，希望你们公司以后多注意，这次的事情就到此为止了。”

处理客户投诉时，这位经理并没有着急为公司申辩，而是站在消费者的立场上说话。有几点他做得非常好：其一，消费者发火时，他非常冷静，而不是不分青红皂白地把消费者赶出去；其二，询问消费者是什么原因，请消费者把遇到的问题讲出来；其三，当消费者讲清楚原因后，他能站在消费者的立场上考虑问题，立即采取措施。因此，他可以得到顾客的理解和认同，圆满解决了问题。

在《点石成金》这本书里，古德曾说：“停下一分钟，把你对他人的冷漠和你的热心比较一番。你会发现，人与人之间的相似度很大。明白了这一点后，你就能像林肯和罗斯福一样，把人际交往中唯一的原则牢牢地抓在手中。”也就是说，想要在处理人际关系时游刃有余，就得学会站在他人的立场上考虑问题。

欺软怕硬心理：刚柔并济，让他人不敢小觑

太强硬的表述方式很难让人接受，太温柔的表达方式又容易让人误以为那是软弱，而刚柔并济的说话方式既可以避免激怒他人，又可以震慑他人，是一种不错的沟通方式。

马其他有一种神奇的矿物质，也是马其他三大国宝之一，名字叫“豆腐石头”。之所以把它叫作“豆腐石头”，是因为它刚开采出来时像豆腐一样柔软，可以轻而易举地被塑造成任何形状，可是晾晒后，它就会变成坚硬无比的石头。这种石头能软能硬，曾经被马其他人用来筑造一座固若金汤的城堡。这座城堡经受二战炮火的摧残而不倒，至今依然屹立于地中海的小岛上。

“豆腐石头”，是大自然对马其他的物质馈赠，也启示着人们去寻找一种刚柔并济的智慧。通过“豆腐”与“石头”的转变，“豆腐石头”向我们展示了“柔与刚”的奥妙。所谓的“柔”，就是圆和温顺、接纳、包容；所谓的“刚”，就是坚硬倔强、不妥协、不投降。两者看似是两个彼此矛盾的对立体，其实却可以被划分到同一个范畴中。

李先生刚到公司一个多月，还没来得及搞好同事关系，就和公司里

的财务主管赵总闹得不愉快。可是赵总是公司的老资历，又是董事长一手提拔的，就算他对李先生没什么好脸色，李先生又能怎么样呢？

私下里，李先生经常听到赵总说他的不是，但是他只能默默地忍受。为了适应新的工作环境，他当然想和赵总搞好关系，毕竟人家是财务主管，每次报销费用都要经过他。可是，李先生多次示好都没什么用，人家赵总根本就不理他。

一天，财务室通知李先生去领出差报销费用。李先生接过钱，发现只有500元，整整少了1000元，于是就拿着钱找赵总。

赵总冷着脸，不悦地说："你交来的发票就这些，不是500是多少？"说着，他把李先生的发票扔出来。李先生仔细看了看，发现少了一张请客户吃饭的发票，于是他请赵总帮忙找找，赵总却说："只有这些，你给我的都在这里，发票丢到哪里我怎么知道？你自己找去！"

李先生心里很清楚，知道这一定是赵总在搞鬼，于是心平气和地说："我上交发票的时候，在发票的背面都标上了编号，当时小马和小刘也都在，可是现在发票却少了。我还是去找总经理吧，也许他能解决。"

听了这话，赵总傻了眼，什么话都说不出来。李先生趁机说："赵总，其实我也不想把事情闹大，总经理这么忙，让他处理这点小事不太好，您觉得呢？我觉得可能是会计不小心把发票弄丢了。毕竟年终了，大家工作都这么忙，有些小失误也是可以理解的。要不您帮我问问？"

赵总连忙点头，很快就把剩下的1000元钱亲自送到李先生手上，后来再也没找过李先生的麻烦。

李先生遇到不公平的对待，没有吵闹，也没有隐忍，而是采用刚柔并济的说话方式，灵活地解决了遇到的麻烦。在现实生活中，许多人都遇到过类似的事情，可多半解决得并不好，其实我们也可以采用李先生那种刚柔并济的方式来解决问题。

太强硬的表述方式很难让人接受，还可能因此激起他人的愤怒，最后引起不良的后果。相反，说话太温柔，时间久了很容易让人误以为那是软弱，所以，与人沟通尤其是面对嚣张的对手时，我们更要不卑不亢，刚柔并济。

一伙恐怖分子劫持了一架美国环球公司的客机，由于燃料耗尽，飞机迫于无奈，只得在戴高乐飞机场降落。就在这伙劫持飞机的恐怖分子和警方僵持不下时，警方把著名的谈判专家约翰森请来。约翰森冲他们高喊："嗨！伙计们！我给你们两条路，选哪一条就看你们自己了。第一条路，把枪放下，跟着警察走，他们就在我的身边，在美国，你们会被判处2～4年的监禁，如果表现得不错，也许只需要10个月就能被放出来；第二条路，拒捕然后被警察击毙。就算你们的运气足够好，枪战后你们还没有死，按照美国的法律，一样会判你们死刑。我会给你们10分钟的时间考虑，请慎重选择你们要走的路。"10分钟后，劫机者投降了。

谈判专家约翰森不愧为谈判高手，面对穷凶极恶的恐怖分子，他没有步步紧逼，也没有选择退让，而是用刚柔并济的语言劝导他们，给他们指出一条明路。首先用投降后的优待处理来稳定他们的情绪，然后把不投降的严重后果摆到他们面前。这种刚柔并济的沟通方式收到了良好的效果，恐怖分子权衡利弊后，乖乖地选择举手投降。

曾国藩说："刚柔互用，不可偏废，太柔则靡，太刚则折。"与人沟通也是如此，措辞太强硬只会激化矛盾，措辞太软弱又无法争取到自身的利益，刚柔并济的说话方式才是最好的沟通之道。

难说的话用心也可以说好

在工作、生活中，我们经常遇到说不好就很容易使我们陷入尴尬境地的话，这些话可以称为“难说的话”。上山擒虎易，说好难说的话难。不过，情商高的人懂得如何说好难说的话。遇到刁钻的问题时，他们能从容地回答；开口求人时，他们的表达方式与众不同；向人道歉时，他们的道歉方式让人不得不原谅。总而言之，情商高的人总能把难说的话说得漂亮，令人拍案叫绝。

刁钻问题不好回答时可回避式作答

直接回答刁钻的问题，只会让自己落入他人的圈套。遇到他人的刁难或自己不想回答的问题时，可以转移问题的重点，回避对方的刁难。

与人交流时，难免会遇到一些刁钻问题，他们可能是无心的，也可能是有意让我们难堪。遇到这类问题时，不可直接回答，可以运用一些说话技巧，巧妙地回避对方要问的问题。

第二次世界大战时期，美国在日本的广岛和长崎投下了两颗原子弹，让世界各国人民看到了原子弹的威力。

当时，不只美国掌握原子弹技术，苏联同样掌握原子弹技术。因此，国际社会非常关注苏联拥有的原子弹技术，尤其是美国媒体，更想弄清楚苏联究竟拥有多少颗原子弹。一时间，苏联到底有多少颗原子弹成为美国媒体热议的焦点话题。

一次，时任苏联外交部部长的莫洛托夫前往美国访问，美国记者迫不及待地问："请问部长先生，苏联现在拥有多少颗原子弹？"很显然，这是一个涉及国家机密的问题，不能在公开场合随便公布答案。莫洛托夫明显有些不高兴，但是为了防止其他记者一直在这个问题上纠缠他，他给了一个很模糊的答案："足够！"

美国记者听到莫洛托夫的回答后，虽然不满意于他的答案，但是也清楚了他的立场，于是不再继续纠缠。

遇到刁钻的问题，苏联外交部部长用"足够"这个模糊的答案，既保守了国家机密，又彰显了苏联强盛的国力和精良的武器装备。

所以，当我们遇到他人的刁难或自己不想回答的问题时，一定要冷静分析，做到处变不惊。这样既可以避开他人的正面攻击，做到全身而退，又可以发起反击，让对方知难而退。

美国上将巴顿将军曾说，在战争中，反击是最好的应对方式。其实，沟通也是如此，应对他人的刁难时，不能一味地退让，而是要学会反击，让对方自顾不暇。不过，许多人往往不知所措，有时甚至会因为一时的恼怒而说出不得体的气话，既有损自己的颜面，又无助于解决问题。遇到这种情况时，不妨冷静处理，机智地予以反击。

如今的客户越来越难对付了，经常提出一些刁钻的问题，如果销售员情商不够高，很可能会被此类刁钻问题打一个措手不及。而情商高的销售员则不然，他们面对客户的刁钻问题总能灵活应对、化险为夷。

一位想购买汽车的客户，提出了一个刁钻的问题："你们的车子空间很大，钢板也非常厚，所以肯定特别费油吧？"

销售员回答说："您这么问，我该怎么回答呢？这么说吧！其实汽车油耗高低的影响因素是多方面的，既与车子自身的重量有关，也与驾驶员平时的驾驶习惯有关。所以我建议您驾驶时不要总是急加速、急刹车，保持良好的开车习惯，这样油耗就高不到哪里去。难道您平时的开车习惯不太好？”

客户沉默片刻，又提了一个刁钻的问题：“我突然觉得这款车子的内饰做工太粗糙了，你觉得它的内饰粗糙吗？”

销售员回答说：“您平时穿西服多还是穿休闲服多呢？”

客户说：“肯定穿休闲服多一些，为什么这样问呢？”

销售回答说：“是这样的，我们这款车的定位是爱好运动的人，其理念是充分享受纯粹的驾驶乐趣。作为一款运动型的豪华轿车，它强调的是驾驶和运动，所以和其他注重商务诉求的车型不太一样。试想，如果把它的内饰做得像商务车那样，您是不是觉得非常不搭调呢？”

最终，销售员成功说服客户订了一辆车子。

案例中的客户用“肯定特别费油吧”“你觉得它的内饰粗糙吗”这两个刁钻的问题试探销售员，却被销售员用“回避式作答法”一一化解。试想，如果销售员直接回答客户提出的问题，说“油耗不高”“内饰不粗糙”，无疑是在欺骗客户；而如果说“油耗高”“内饰粗糙”，又无疑是在把客户往外推。

生活中，当你遇到别人提出刁钻问题时，你不妨采取同样的方法来应对：无须直接回答，因为这样只会落入别人的圈套，不如采用“回避”的作答方式化解对方的锋芒，用自己的机智对抗他们。

总之，遇到不好回答又不得不回答的问题时，一旦失言，就会搞得一团糟，导致无法收场。所以遇到这种情况时，一定要保持冷静，从中巧妙周旋，用模糊的回答应付对方。如果对方故意挑衅，可以适当反击，打击对方的嚣张气焰，维护自己的正当权益。

换一种表达方式，开口求人不再难

人生在世，谁敢说一辈子不求人？有的人求人时总是碰钉子，而有的人却顺风顺水。所以说，求人办事也是一门技术活，是一个人能力的表现。

俗话说："上山擒虎易，开口求人难。"有人曾经总结，发现求人有三难：

第一，开口难。只要是要去求的人，肯定和你存在某种关系。可能是昔日的同学，可能是你的亲戚，也可能是亲密无间的好朋友。无论在同学、亲戚面前，还是在朋友面前，张嘴求人办事都是很难的，因为那样会让两个人的关系立即变得紧张起来。因此，很多人都会认真考虑该不该张嘴求人，这就是所谓的开口难。

第二，等候回复难。开口求人后，就要等候回复，给人一个思考的时间。此时，求人者会觉得自己就像一个厚着脸皮伸出手的乞丐，在心理上比他人低一等。

第三，结果难。如今，每个人都很聪明，遇到任何事都不会立即答应或拒绝你，就算是举手之劳也会考虑一番，嘴上说着"我一定尽力帮你办"，实际上却不见行动。等你心急火燎地催促时，他又告诉你遇到了什么难处，然后一拖再拖，拖到你自己都不好意思再问为止，最后只能不了了之。

由于这三难，很多人的原则就是，能不求人尽量不求人。这些人一直害怕有事，更害怕去求人办事。但是，生活往往不尽如人意，很多时候，我们不得不违背自己的意愿去求人。无可奈何之下，犹犹豫豫之后，只得放下尊严，低头求人，说一些一辈子都不愿意说的话，做一些一辈子都不愿意做的事。

人生在世，谁敢说一辈子不求人？有时为自己，有时为别人，人的一生总是有求人的时候。不过，有的人求人时总是碰钉子，而有的人却顺风顺水。所以说，求人办事也是一门技术活，是一个人能力的表现。比如，拿借钱来说，有些人一提到去和别人借钱就会感到害怕，不知道如何张口。其实，只要从借出者的角度考虑问题，运用一定的语言技巧消除对方的顾虑，开口借钱也就不是什么难事了。

首先，和对方交谈时，要用商量的语气，说话的口气不能太硬，更不能说一些伤害对方的话，而是要保持一种有求于人的姿态。比如，孩子生病住院了，手头上一时缺钱，不得不向对方张口借钱时，可以说："我的孩子生病住院了，还差5000元，如果你手头宽裕又没什么急用的话，我想从你这借点，下个月我发工资了就还你。"如果对方犹豫，担心到时候空口无凭，你可以主动要求写借条，消除对方的顾虑，并对对方说："如果你没有闲钱，就当我没说过这话，我再到别处借借，家家都有本难念的经，都可以理解，咱们今后还是好兄弟。如果你有闲钱，这是我提前写好的借条，你一定要收下。虽然咱们的关系非常好，不需要写借条，但是都说'亲兄弟明算账'，咱们交情归交情，金钱归金钱，我觉得咱们关系好才开口找你借钱，借条你收下，不然我就不好意思找你借了。"

用这种商量的语气，会消除对方的顾虑，只要别人手头上有闲钱，一般都会慷慨相助。可是，有些人却不懂得这个道理，向别人借钱时竟然说："谁都知道你卡里存着几万块钱，借我几千还不是小事，又不是不还你，怕什么？”向别人借钱时，和比较熟悉的人这样说还无可厚非，和关系一般的朋友这样说就不太合适了，因为这种说法太生硬，没有人愿意听这种话。

另外，有一点一定要注意，向别人开口借钱时，一定要说出你准备什么时间归还，过后还要准时还给对方。比如，和自己的朋友一起逛街，看到一件比较好看的衣服，你非常想把它买下来，但是手里没什么钱，就可以说："能不能先借我200元呀，我回去后就还给你。"明确说出归还时间，可以消除对方的顾虑，让他知道借出去的钱有了保障，就会放心地把钱借给你。

求人办事，为了不碰钉子，应当注意以下几点：

第一，要过自己心理这一关。在心中告诉自己，既然求人是无法避免的，倒不如理直气壮一些，开口求人也要心中舒坦。不用谎话连篇，也不用乞哀告怜，更不能任人奚落而无动于衷。

第二，要有足够的耐心。开口求人不一定什么事都能办，如果对方面露难色，或者对你态度冷淡，不要觉得自己失了面子，更不要觉得受到了侮辱，从而失去了耐心。

第三，选择最佳路线和方法。现代社会专业分工明确，如果到处去求人办事，未必能成，所以一定要摸清具体情况，找准能帮助你的人。

第四，要理解别人。有些人求人办事时，总觉得对方神通广大，没有办不了的事，对对方的期望值过高。其实，任何人都有自己的短板，都有自己的难处，如果你能理解别人这一点，就不会觉得求人办事太难了。

第五，对他人的要求不可太高。开口求人无可厚非，但是不能死缠烂打，逼着对方必须答应你的要求。也就是说，求人办事不可强人所难，别人能办多少就办多少，不能办也不要勉强。

让人感觉有诚意的道歉才有用

每个人都难免做错事，所以学会如何道歉是十分必要的事情。但要知道道歉容易，知道怎样道歉就没这么简单了。有一种道歉方式，可以让人不得不原谅你。

现实生活中，每个人都难免做错事，所以学会如何道歉是十分必要的事情。你可能会心存疑虑：不就是道歉吗，有什么大不了的，说一句“对不起”不就什么都搞定了。其实，事情没这么简单。

懂得道歉的人很多，懂得如何道歉的人却很少。“算我错了，向你道歉行了吧，对不起！”这种道歉方式让人感觉非常没有诚意，不仅不能取得别人的谅解，反而还能加深矛盾，如此道歉就是情商低的表现。“千错万错都是我的错，真不该惹你生气，我现在后悔死了。希望你能原谅我，给我一次改过自新的机会。如果你不原谅我，我永远都无法原谅自己。”这种道歉充满了满满的歉意，会激起听者内心的怜悯之情，如此道歉才是高情商的说话方式。

每逢周末，有一家餐厅的生意都特别好，服务员手忙脚乱依然无法照顾到每一位客人。一次，客人等了半个多小时仍不见菜端上来，就发火了："服务员，我等半个多小时了，为什么还不上菜？"

服务员立即向客人道歉："对不起，请再等一下，马上就来。"

客人不满意地说："马上就来？你去厨房看了吗？只知道搪塞我！邻桌的客人还没我来得早，他们都吃完了，我的到现在还没上，你们是什么意思？"

服务员又道歉道："对不起，可能是厨师忘记了，您再等等吧！"

客人并不接受这种说法，气愤地说："不等了，瞎耽误工夫！不吃了！既然你们不拿我当回事，那我以后就再也不来你们餐厅吃饭了。"

服务员连忙请来了大堂经理，只见大堂经理快步走过来，向客人深鞠了一躬，微笑着说："对不起，都怪我们服务不到位，耽误您用餐了，还请您原谅！我保证，以后绝对不会再出现这种现象，并且为了表示我们的歉意，您今天的消费免单。如果您肯原谅我们，就请坐下来，我先给您泡壶好茶。我现在就让厨师做您的菜，保证5分钟内给您端上来，怎么样？"

客人见大堂经理道歉的态度如此好，也不好发火了。

案例中的服务员采用的道歉方式只是在搪塞客人，无法让人感受到发自内心的诚意，自然不可能得到客人的谅解。大堂经理采用的道歉方式却体现出了餐厅服务人员的真诚，自然很容易地得到了客人的谅解。由此可见，道歉时的态度很重要。

第二次世界大战时期，英国有一位赫赫有名的政治家，也是内阁的重要成员，他就是比弗布鲁克男爵。

比弗布鲁克一向仗义执言，在政治和时事方面从不隐瞒自己的观点，经常成为麻烦制造者。

一天，比弗布鲁克在一家俱乐部的厕所里碰到了爱德华·希思。当时，希思还是内阁下议院的一名年轻议员。比弗布鲁克很尴尬，因为他不久前刚在报纸上向希思发起过攻击，没想到两个人竟然在这里见面。为了缓解尴尬，比弗布鲁克不好意思地说：“抱歉，亲爱的年轻人，都是我的错，那件事就让它过去吧，我现在要向你道歉。”

希思不太满意地说：“没关系，不过下一次，我希望你在厕所里攻击我，在报纸上向我道歉。”

希思并不能接受比弗布鲁克的道歉，是因为他不认同比弗布鲁克在报纸上攻击，却在厕所里道歉的做法。可见，道歉的场合选择不好，就无法体现“道歉”的正式与慎重，也就不能表达出道歉者内心的愧疚和歉意，因此无法得到对方的原谅。道歉的目的是消除给对方造成的负面影响，所以选择正式场合下的道歉才是具有诚意的道歉。

此外，道歉时如果做好更多细节工作就更能体现出道歉者的反悔之心与诚挚求得对方原谅的心情。比如，清楚地认识到自己错在什么地方，从而有针对性地向对方道歉，更容易得到谅解；尽快道歉，第一时间弥补自己的过错；夸大自己的错误，让对方的愤怒之情稍微得到平复；给对方送一些小礼物，或请对方吃一顿饭……这些做法都是非常有用和有效的。越是在细微的地方下功夫，就越能让对方感受到道歉者的诚意，也就可以很快得到对方的原谅。

综上所述，道歉不仅需要勇气，更需要技巧，如果你不懂得道歉的技巧，即使你有道歉的勇气和诚意，也不代表对方认为你有足够的诚意，从而原谅你。要知道，一个让人感觉缺乏诚意的道歉比不道歉更糟糕，所以，如果你想要成功地道歉，就要确保对方真的相信：你知道自己错了。

场面尴尬时，打圆场多一点机智

每个人都遇到过十分尴尬的局面，这时帮助他人打圆场，不仅可以照顾他人的情感和面子，让他人对你感激不尽，而且可以让你左右逢源。

在工作或生活中，许多原因都会导致矛盾的产生，此时如果有人及时地打好圆场，帮助他人解围，就能消除他人的不愉快，让他人感激不尽。帮助他人打好圆场，就是要照顾双方的情感和面子，引导他们去理解彼此，从而化解彼此的矛盾。不过，帮助他人打圆场，应该讲究一定的方法和技巧，不然很可能越帮越忙，越管越糟。那么，到底该怎样帮助他人打好圆场呢？

1. 巧妙暗示

令人尴尬的事情总是突如其来，让人措手不及。他人陷入尴尬时，你可以通过巧妙暗示的方式打圆场，为对方解围。

几天前，郭先生和自己的爱人吵了起来，上午的时候两个人才和好。可是，郭先生的丈母娘不知道这一点，不知道从什么地方听说了，知道自己的女儿受了委屈，于是气势汹汹地来到郭先生的办公室，要找他理论一番。当着公司人的面，郭先生非常尴尬，但是想不到破解的办法。

看到这种场景，办公室里的同事老吴连忙说："阿姨，您来的路上看到您的女儿了吗？她去超市给小郭买鸡去了，说是晚上要给小郭做鸡汤。"

听了老吴的话，郭先生的丈母娘知道女儿和女婿已经和好，也就不好意思继续在办公室里兴师问罪了。

帮助他人打圆场要注意方式，"和事佬"最重要的是改善他人的关系，而不是火上浇油。用巧妙暗示的方法可以不动声色地达到打圆场的目的。

2. 帮别人找一个好理由

每个人都无法预知未来，随时都可能陷入窘境。当他人陷入窘境时，你及时站出来，帮他人找一个好理由，打好圆场，则能避免他人颜面尽失。

比如，你介绍两个朋友认识，约好拿着身份证一起去某个景区游玩。见面刚几分钟，如果一方突然提出离开的请求，另一方就会出现不悦的神色。此时，你可以对另一方说："她这个人呀，丢三落四的，竟然把身份证忘家里了，家又那么远，一来一回天都黑了。这样吧，让她先回去，咱们两个去，来日方长，以后有机会你们再好好认识认识，这次算是打个照面，混个脸熟。"听了这话，因家中有急事突然要离去的一方自然会十分感激你，另一方自然也不会多计较。

3. 维护别人的面子和自尊

如果双方都不肯妥协，彼此已经产生矛盾，你不妨说几句话，巧妙地维护他们的面子和尊严。

小王的孩子和小赵的孩子打架，小王看不惯自己的孩子受委屈，于是出来数落了小赵的孩子。小赵刚好路过，听到小王正在数落自己的孩子，气不打一处来，非要小王给个说法，不然不肯罢休。两个人谁都不肯相让，都要为自己的孩子讨个公道。

看到两个人剑拔弩张的场景，小郭连忙走过来，对他们说："两位少安毋躁，这件事的来龙去脉我很清楚，因为我全看在眼里了。"说着，他对小赵说："本来只是两个孩子打架这点小事，小王数落您的孩子，是因为这个顽皮的家伙把人家孩子的眼睛都打肿了，现在还睁不开呢。您想啊，眼睛多重要啊，万一有个好歹，那可是一辈子的事。"然后，他又对小王说："小赵不明白怎么回事，听到您这么训斥他的孩子，能不愤怒吗？再说了，您刚才训斥的也确实有点过。当务之急是赶紧带着孩子去看眼睛，别耽误了治疗。"

听了这话，小赵连忙道歉，带着钱要为小王的孩子治眼睛。小王看到小赵并不是一个不讲理的人，觉得刚才不应该那么训斥一个小孩子，也向小赵道了歉。

打圆场时，应该维护好双方的面子和尊严，讲清楚其中的道理，可以各打五十大板，让他们意识到自己的错误。许多时候，人与人之间产生了矛盾，双方谁都不肯相让，只是因为他们都想维护自己的面子和尊严。但是，假如任由他们这样耗下去，只会让情况越来越糟。此时就需要第三者来打圆场，让当事双方的面子和自尊都能得以维护。不过，此时他们正处于敏感期，你帮人打圆场时一定要注意说话方式，尽量把话说得圆满一些，而不是胡乱评判，进一步激化他们的矛盾。

难以启齿的“逐客令”要不动声色地讲

如果你不想因为下“逐客令”而得罪人，就要学习下“逐客令”的技巧。把“逐客令”说得美妙动听，让客人识趣地离开，既把人“轰”走了，又没有得罪人。

如果有人絮絮叨叨地说个没完没了，一遍又一遍地重复着你毫无兴趣的话题，越说越起劲。你很想请他们离开，却又碍于情面不得不勉强敷衍，担心请他们离开会伤彼此间的感情。这时应该怎么办呢？

这就要求我们要学会下“逐客令”。如果你不想因为下“逐客令”而得罪人，就要学习下“逐客令”的技巧。

周末的一个晚上，小涛的大舅到访，已经快10点了，他的大舅和妈妈依然相谈甚欢。可是，小涛第二天还要上学，需要早点睡觉，大舅一直不走，怎么能睡觉呢？

突然，鬼灵精怪的小涛大喊一声：“妈妈，大舅不是已经走了吗？你怎么还不睡觉，电视声音还开这么大，我明天早上起不来，上学会迟到的。”

妈妈心里纳闷：这孩子明明知道大舅还没走，为什么这样说？

听了这话，大舅连忙起身，满含歉意地笑道：“你看我这人，光顾着聊天了，也没注意看时间，都这么晚了，我该回去了。”

小涛忙走出来，自责地说：“呀！原来大舅还在呢！我以为您走了呢！您不用回去了，都这么晚了，末班车估计没了。今天就住我房间吧，我跟妈妈睡。”大舅顿时喜笑颜开，但还是执意要走。

把大舅送走后，妈妈问小涛：“你明明知道那不是电视的声音，是我和你大舅说话的声音，为什么说是电视的声音？还有，你大舅没走呢，你怎么说他已经走了？”小涛不好意思地笑了。

这就是下“逐客令”的技巧，既把人“轰”走了，又没有得罪人。

有人说，逐客也是一种应酬，想要做得好，就要掌握两条原则：一是要有效，二是要有情。不管用哪种方法，都不能没有热情，千万不要用尖酸刻薄的语言赶别人走，也不能冷冰冰地对待别人。

下“逐客令”时，可以运用以下方法：

1. 巧妙暗示

可以用委婉的语言巧妙暗示絮絮叨叨说个没完没了的人，让他们意识到你没有太多时间听他们闲聊。相比冷酷无情地轰走客人，这种方法更容易让人接受。

吃过晚饭后，几名学生一起去拜访一位女教授。几个人一直谈到晚上11点多，女教授想请这几名学生离开，于是对他们说：“你们提的这个问题很值得研究，明天我要去北京出差，去那里参加一个学术研讨会，到时我会找几位专家一起探讨这个问题的。”听到教授第二天要出差，几位学生连忙站起身，对教授说：“非常抱歉，不知道您明天还要出差，打扰您休息了，我们告辞了。”

这位女教授第二天要出差，需要早点休息，可是几个学生在家中做客，碍于情面，她不好意思直接辞客，于是就把话题转到第二天要参加的一个学术研讨会上，用委婉的语言暗示他人是时候离开了。这种方式既达到了辞客的目的，又没有伤及学生的面子。试想一下，假如女教授没有这样说，而是直言第二天要出差，然后把他们请出去，虽然也能达到辞客的目的，但是很容易让对方陷入尴尬的处境。

2. 疏导爱聊天的人

喜欢聊天的人，有许多都是想用嚼舌来打发时间的，原因是他们没有很大的志向，也没有什么兴趣爱好，只能通过闲聊的方式打发大把的时间。你可以采用疏导法，让他们有计划地完成一些事情，他们就没有时间来找你聊天了。也就是说，采用疏导法，可以从根本上防止闲聊者上门消耗你的时间。

假如对方是青年，你可以采取激励式疏导法，对他说："人生一世，应该多学一些东西，因为有真才实学才能过上美好的生活。我建议你多抽出一点时间，有机会就学习一些安身立命的本事，不断充实自己。"

假如对方是老年人，可以根据对方的自身条件，让他培养一些兴趣爱好，比如种花、看书、练习书法、运动、唱歌等。如果对方爱运动，你可以说："大妈呀，我路过咱们小区时，发现许多人都在跳广场舞，跳得可好了，我每次都忍不住多看两眼。您怎么不去跳呢？我觉得跳广场舞可以锻炼身体，而且一群人在一块也挺好玩的，您有空得学学啊，我还想看您亲自跳呢！"

好话也要好好说

我们经常听到有人说："好听的话谁不会说？"事实真的如此吗？生活中经常遇到这样的人，他们明明在赞美别人，却由于话说得不够好，被人说成"伪君子""拍马屁"。实际上，并不是每个人都能说好好听的话。而情商高的人懂得换一种方式说好听的话，他们捧人也能捧出新花样。

谈论对方得意的事，轻轻松松赢得友谊

恰如其分地称赞他人得意的事情，可以在很大程度上缩短两个人之间的心理距离，增加你在对方心目中的好感值。假如你经常在人前谈论他的得意之事，他就会非常高兴，对你充满好感，甚至把你奉为知己。

每个人都有被他人称赞的需求，因为被称赞能让人得到一种心理上的满足。与人沟通时，人们总是喜欢提及自己得意的事情，因为那些事情可以给他们带来快乐。因此，在现实生活中，不管是与朋友交往还是与客户交流，都不妨多谈对方得意的事，这样更能赢得对方的认同。

比如，如果称赞将军，就称赞他曾经叱咤战场，曾经屡立战功；如果称赞医生，就称赞他妙手回春，以及他在医学上取得的突出成就；如果称赞学者，就称赞他才高八斗，称赞他发表的专著。一般情况下，每个人都有他独特的闪光点，都有值得自豪的地方，从这些地方出发，然后真诚地加以赞美，往往能收到不错的效果。

美国著名的柯达公司创始人伊斯曼，为了在罗彻斯特建造一座音乐堂、一座纪念馆和一座戏院，捐赠了很多钱。很多制造商都想承接这些建筑物里

的座椅，为此，他们展开了激烈的竞争。可是，每一个找伊斯曼谈生意的商人最后都败兴而归。此时，一家公司的总经理亚当森前来拜见伊斯曼，希望承接这个项目。

还没见到伊斯曼本人，伊斯曼的秘书就给亚当森一个下马威，对他说："我知道您特别想得到这批订单，可是我必须告诉您，假如您占用伊斯曼先生的时间超过5分钟，您就无法得到订单。他可是一个大忙人，进去后，您应该速战速决。"

见了伊斯曼后，亚当森没有谈生意，而是对他说："伊斯曼先生，在我等您时，我仔仔细细地观察了您这间办公室。虽然我长期从事室内的木工装修，可是从来都没见过装修得如此精致的办公室。"

伊斯曼回答说："你不提这件事我都忘了，这间办公室是我亲自设计的，当初刚建好时，我特别喜欢，可是后来一忙，就忽略它了。"

亚当森来到墙边，拿手擦了擦木板，说："我敢说这肯定是英国橡木，意大利的橡木不可能是这样的质地。"

伊斯曼高兴地站起身，回答说："没错，这的确是从英国进口的橡木，我的一位朋友帮我订的货，他可是研究橡木的行家！"

伊斯曼的心情非常好，带着亚当森仔仔细细地参观他的办公室，把办公室里的每一样装饰都介绍给亚当森，从木质谈到比例，从比例谈到颜色，从颜色谈到价格，甚至详细介绍了他设计的经过。

亚当森始终保持微笑，饶有兴致地聆听着。见伊斯曼谈兴正浓，亚当森顺势询问他的经历。伊斯曼毫无保留地讲述起曾经的苦难岁月，从青少年时期多么贫穷说到母子俩怎样在贫困中挣扎，最后谈到自己是如何发明柯达相机的，还谈到自己正计划着把巨额财产捐赠给社会。亚当森则一直露出钦佩的目光，对伊斯曼大加赞扬。

原本说好的谈话时间不超过5分钟，结果亚当森和伊斯曼聊了几个小时。就这样，亚当森拿到了订单，还和伊斯曼结下了终身的友谊。

为什么伊斯曼把这笔大生意给了亚当森，却没有给别人呢？这和亚当森的高情商不无关系。试想一下，如果亚当森刚进伊斯曼的办公室就谈生意，很可能会像其他人一样被赶出来。亚当森的高明之处就在于，他懂得从伊斯曼得意的事情谈起，巧妙地赞扬了伊斯曼的成就，这样就使得伊斯曼的自尊心得到了极大满足。

赞美别人不单单是说一些甜言蜜语这么简单，因为说甜言蜜语的人太多了，许多人对甜言蜜语已经形成了“免疫力”。赞美别人，就要考虑对方的性格、职业、文化修养、个人经历、心理需求，恰如其分地赞美对方引以为豪的事情。只有恰如其分地赞美对方引以为豪的事情，才能给人一种真诚、贴切的感觉，而不是给人一种虚伪、做作的印象。

不过，到位的赞美一定是建立在细致的观察之上的，因为只有通过细致的观察，才能投其所好，赞美得恰到好处。比如，对方是一个身材肥胖的人，你偏要赞美他的身材，肯定会给对方一种你在讽刺他的感觉；对方明明有口吃的毛病，你偏偏赞美他口齿伶俐、说话利索，估计对方不仅不会领情，还会有暴打你一顿的冲动。

与人沟通时，假如对方谈到了自己得意的事情，那就是期待你和他一起分享他的喜悦，我们可以把这当作是他准备接受你的赞美的信号。所以，你应该明白，他现在最想听的是什么。既然他想听的是别人赞美他得意的事情，为什么不多谈谈这些呢？赞美是有“保质期”的，千万不要等到“黄花菜都凉了”再去赞美。

夸要夸到点子上，称赞要说小细节

赞美一个人时，如果你能具体说出对方好在什么地方，而且你所说的内容又是真实存在的，那么，对方就能感受到你的真诚、可信。所以，称赞他人时要体现出细节，让对方感受到你的真诚。

当你称赞一个人“真好”“真漂亮”时，他的心中就会立即产生一种心理期待，想听你继续说下去，肯定会想：“我好在哪里?”“我漂亮在哪里？”这个时候，假如你的赞美不够具体，就会让他特别失望。所以，要想让你的称赞更有效果，就要学会具体化赞美。称赞他人时要体现出细节，这样才能让对方感受到你的真诚。

王杉的妈妈已经70岁高龄了，老伴刚去世，所以她心情很苦闷。老伴没去世前，她每日忙忙碌碌，整天乐呵呵的。老伴去世后，王杉就把她接到自己家中了，什么事情都不让她干，唯恐累着她。这本是好心，可是老太太忙惯了，猛然闲下来很不习惯，渐渐地开始找王杉唠叨：“我年纪大了，没有什么用处了，几乎成废人了。”

王杉连忙劝慰道：“妈，您快别这么说，您一点儿都不老，我们都很需要您，离开您可不行。”

谁知道，老太太听了后，竟然生气地说：“你就骗我吧！整天就知道拿一些没用的哄我！”

一天，王杉的儿子放学回家，高兴地对老太太说：“奶奶，奶奶，您前几天给我讲了一个老红军的故事，我写作文时写进去了，今天语文老师当着全班的面表扬我了，说我写的老红军的故事非常好，很让人感动。奶奶，您讲的故事真好，再给我讲一个吧！”

老太太非常高兴，把小孙子抱在怀里，又开始给他讲故事。

通过这件事，王杉意识到赞美老人要体现出细节，于是经常对老太太讲：“妈，您今天煲的汤味道太好了，火候掌握得非常好。”

听了这话，老太太笑得合不拢嘴。

赞美一个人时，如果你能具体说出对方好在什么地方，而且你所说的内容又是真实存在的，那么，对方就能感受到你的真诚、可信。夸一个人聪明、能干，自然能取悦于他，但是他在高兴之余肯定会想知道自己到底哪里聪明、如何能干。假如你不说出具体的内容，时间长了就会让人觉得你在敷衍他，最后反而会适得其反。正如案例中王杉对自己的妈妈说的“您一点儿都不老，我们都很需要您，离开您可不行”这种笼统、空洞的话，老太太一听就知道是在敷衍人，所以很不高兴。

与人沟通时，应该从具体的事件入手，善于发现别人微小的优点，不失时机地予以赞美。赞美他人时，语言越详细越好，因为那样说明你很了解他，非常看重他的优点和成绩。另外，具体的赞美还有助于拉近你们之间的关系。假如你只是含糊其辞地称赞对方，对他说“你工作很出色”或“你真好”等空泛的话语，很容易引起对方的反感，甚至让对方产生误解。

电影《画壁》里有一个细节：闫妮出演大姑姑，每天早上都要问下面的仙女："我美吗？"仙女异口同声地回答说："美。"

姑姑只是淡淡地笑了笑，然后转头问芍药："芍药，你说我美吗？"

芍药回答说："姑姑今天很美。蓝色的眼影和蓝色的纱裙相呼应，发髻也挽得很别致。"

听了这话，姑姑"哈哈"大笑，心中非常高兴。

假如芍药也像其他仙女那样，只是笼统地回答一声"美"，相信她肯定无法得到姑姑的重视，更无法成为姑姑的接班人。任何人赞美的目的都是为了打动他人，得到他人的好感，但是空洞而没有实际内容的赞美，最后只会让对方更加疏远你。

总之，赞美他人，一定要具体化、细节化，要根据具体的事实进行评价，不要说一些一般性的夸奖语言，如"你表现得非常好""你做得很棒""你这个人不错"之类的话，而是要加上具体的事实，从细节出发。

没有人会拒绝恰到好处的恭维

每个人都喜欢戴高帽，都喜欢受到他人的恭维。只要高帽子合适，恭维不夸张，就会受到他人的欢迎。

每个人都希望受到他人的关注和赞美，尤其是那些好面子的人。就算冷静之后，对方知道你说的不过是奉承话，也会沾沾自喜，欣然接受你的赞美。逢人送一顶高帽子，能让你更受欢迎，从而更容易建立良好的人际关系。

为什么给人戴高帽子非常受欢迎？最主要的原因就是，渴望得到他人的肯定与尊重，已经成为人性中根深蒂固的东西之一，而给人戴高帽刚好满足了人性中的这种需求。

有一名京官将要启程到外地任职，临行前前往恩师处拜别。

老师交代他说："外地的官可不是好当的，你一定要小心谨慎，处处都要留个心眼。"

京官回答说："老师，您尽管放心，我已经准备了一百顶高帽子，见一个人就送一顶，如此一来，我就不会遇到什么麻烦了。"

老师听了大怒，训斥道："哪有你这样做事的？当官怎么能搞这一套？千万不能搞歪门邪道！”

京官叹了口气，回答说：“老师说得对呀，可是，如今这世上，还有多少人能像老师您这样呢？要是都像您一样不喜欢戴高帽，我就不会搞这一套了。”

听了这话，老师转怒为喜，连连点头说：“没错，如今大家都很势利，不喜欢戴高帽子的人少之又少。”

从老师那里辞别出来后，京官乐呵呵地对别人说：“没想到呀，我拿来的一百顶高帽子，如今还没有赴任，就已经剩下九十九顶了。”

这个案例告诉我们，人人都喜欢戴高帽子，那些自称不喜欢戴高帽子的人，只是因为你还没有找到适合他戴的高帽子，一旦你掌握了他的特点，做到投其所好，就能成功地把高帽子戴到他头上。

从是否善于给人戴高帽的角度，可以把我们身边的人分为四类：第一类，总是擅长恭维人，喜欢给人戴高帽子，说话喜欢捡他人喜欢的听，能够建立良好的人际关系，人脉资源比较丰富；第二类，不懂得赞美的艺术，不会主动给人戴高帽子；第三类，性格比较耿直，很看重个人尊严，明知道给人戴高帽子有很多好处，可是却不屑于这样做，觉得当面说出别人的优点是在恭维人，认为给人戴高帽子有献媚的嫌疑；第四类，为人比较吝啬，虽然给人戴高帽子不需要什么花费，没有什么损失，可是却不愿意这样做。一般情况下，后面这三类人往往容易吃亏，在现实生活中获得的利益比较少。

无论是在日常生活中还是在工作交流上，给人戴高帽子是每一个人都受用的法宝。假如你想得到他人的帮助，又害怕对方拒绝你的请求，不妨先给对方送一顶高帽子。

小何在工作中遇到一个特别棘手的问题，想独立完成是不可能了，于是他想请小赵帮一把，因为小赵在这个领域颇有研究，懂得很多专业知识。不过，该怎么开口说呢？

小何来到小赵的办公室，对他说："赵哥，我遇到一个特别棘手的问题，实在是没能力独自完成了，能帮我一把吗？"

小赵正忙着自己的工作，眼睛一直盯着电脑屏幕，连头都没抬就回绝说："真是抱歉，这一段时间我工作挺忙的，抽不出空来。要不这样吧，你找一下其他人，看他们有没有时间？"

小何知道小赵不肯帮忙，于是决定送他一顶高帽子，便对他说："赵哥，在这个领域，谁都知道您是行家，可以毫不夸张地说，在咱们公司，您是这个领域的老大，没有您的帮助，谁都不可能独立完成。"

小赵是一个虚荣心特别强的人，听了小何的话后，他非常高兴，立即就答应了小何的请求，帮他完成了工作。

实际上，给人戴高帽子既可以取悦别人，又可以帮助自己，这是一种能让你迅速达到目的的策略，也是一种与人沟通的有效技能。不过，虽然每个人都渴望被人关注，被人欣赏，但是很少有人愿意接受和实际不符的虚伪奉承。

想要给人戴高帽子，就要具有比较好的洞察力，善于发现他人最得意的事情，然后赞美他最想让人提到的事情。只有这样，才能把恭维话说到别人的心坎上，让别人无法看出你在溜须拍马，从而收到良好的效果。假如你观察不力，恭维的都是别人的不足之处，甚至是别人极力隐瞒的秘密，那么你拍马屁就会拍到马蹄子上。虽然同样是给人戴高帽子，但是结果只会适得其反。

多说发自内心的动听话，不说露骨的奉承话

阿谀奉承是从牙缝里挤出来的，而赞美则是发自内心的。赞美是真诚的，不掺杂任何不良的居心。相反，阿谀奉承是不惜牺牲自己的尊严去恭维他人，是出于一种不可告人的企图，是巴结、讨好别人，是令人不齿的趋炎附势。

爱听溢美之词是每一个人的天性，每个人听到他人的赞美时，心中都会产生一种莫大的优越感和满足感。因此，懂得如何说赞美话的人往往比较受人欢迎，办事也更加顺利。

不过，值得注意的是，赞美和阿谀奉承是不同的。

卡耐基曾说："赞美和阿谀奉承有什么区别呢？非常简单。赞美是真诚的，阿谀奉承是不真诚的；赞美是出自内心的，阿谀奉承是从牙缝里挤出来的。"其实，赞美和阿谀奉承有本质的区别。赞美是对他人优点的充分肯定，表达自己的尊重和敬佩之情，或给人以精神上的激励。相反，阿谀奉承是不惜牺牲自己的尊严去恭维他人，是出于一种不可告人的企图。

霍尔·凯因出生在一个十分贫穷的家庭，父亲是一名铁匠。由于家

境十分清苦，所以霍尔·凯因仅仅读了8年书，辍学后便开始在外面四处打工。霍尔·凯因一直都很喜欢十四行诗和民谣，十分崇拜英国诗人罗塞蒂的文学和艺术修养。

一次，霍尔·凯因给罗塞蒂写了一封信，在信中高度称赞了罗塞蒂在艺术方面取得的突出成就，并且倾诉了自己的仰慕之情。

接到信后，罗塞蒂十分高兴，虽然从没有见过霍尔·凯因，却对他充满了好感。罗塞蒂心想：他这样赞美我，可见他能读懂我的诗，肯定是一个特别有才华的人。不久后，罗塞蒂邀请霍尔·凯因来伦敦做自己的秘书。

霍尔·凯因做梦也没有想到，自己竟然有机会做罗塞蒂的秘书。这件事情改变了霍尔·凯因的一生，因为出任罗塞蒂的秘书后，霍尔·凯因有许多机会和当时的著名文学家往来，因此得到了很多文学家的指点和鼓励。几年后，霍尔·凯因逐渐在文学圈内崭露头角。

不久后，在罗塞蒂的帮助和自己的努力下，霍尔·凯因终于取得了成功。霍尔·凯因的私人府邸甚至成了世界各地观光者必定要瞻仰的名胜之一。

其实，霍尔·凯因之所以能够迈上成功之路，很大程度上是因为他对别人的一次赞美。假如当初他没有写信给罗塞蒂，也许他只能穷困一生。

虽然人人都喜欢听赞美话，但是没有人喜欢听特别露骨的奉承话。由于真正能打动人的是发自内心的真诚，所以，赞美并不是单纯的阿谀奉承，而是要掌握一定的技巧：

第一，赞美要发自内心，讲究真心真意。真诚的赞美反映的是一个人对另一个人的认可，可能是觉得对方比较漂亮，也可能是觉得对方品格高尚，还可能是觉得对方的言行举止合乎自己的原则。也就是说，在两个人中，其中一个人在另一个人身上发现了符合自己理想和价值标准的可贵之处。可是，阿谀奉承却不是如此，它并不是发自内心地认可另一个人，而是出于某种目的，更像是一种投资。有人说，“阿谀奉承者的语言是热情的，可是内心却是冰冷的”。

第二，赞美时要多赞美那些自卑感特别强的人，尤其是那些自信心不足、一直处于被压抑状态的人。一旦他们得到他人真诚的赞美，自信心就会大增，重新鼓起生活的勇气。

第三，赞美他人要有分寸。我们都很清楚，适度的赞美可以增强一个人的自信心，相反，过度的赞美却会使人反感、难堪。因此，赞美他人要有分寸，要选择合适的赞美方式，选择适宜的赞美地点。

第四，赞美之词要实事求是。有理有据的赞美才能深入人心，而缺乏依据的赞美只不过是在凭空捏造。赞美他人时，一定要有针对性，而不是任意扩大只能用一般词语赞美的东西。阿谀奉承之徒刚好相反，他们总是把一个人的缺点夸耀成优点，赞美他人时夸大其词，把他人的小优点吹捧成大优点，以此取悦他人。并非所有赞美都可以让听者高兴，只有那些建立在事实的基础之上的赞美才能让对方受用。如果你的赞美之词无根无据、虚情假意，对方不但会觉得莫名其妙，还会觉得你油嘴滑舌、虚伪狡诈。

在背后有技巧地赞美别人

当面赞美别人，并不会产生非常明显的效果。与其当面赞美一个人，不如在其背后赞美。从他人口中获悉有人赞扬自己，更能让人感到高兴。

如果你想和某个人搞好关系，在他本人面前赞美说："你这个人真优秀，太了不起了！"其实，这种赞美并不会产生非常明显的效果。与其当面赞美他人，不如在其背后赞美，那样能产生更加明显的效果。比如，你十分钦佩某个人的工作表现，可以在他的同事或领导面前说："某某的工作能力很强呀，工作态度也很好。"不久后，这种评价就会以某种方式传到那人耳中，因为他的同事或领导肯定会把你的称赞告诉他。

实际上，即便是同一件事情，经由他人告知也比直接听到效果要更好。一般情况下，背后赞扬他人更能让人高兴，因为大家普遍认为，别人没必要在背后赞扬自己，那些在背后赞扬的话都是真实的。从他人口中获悉有人赞扬自己，更能让人感到高兴，因为间接听来的赞美，意味着有更多人听到了这种赞美。

设想一下，假如有人对你说，某个人在你背后说了你很多好话，对你这个人的能力和品德给予高度认可，你能不高兴吗？相反，如果有人当着你的面赞扬你，你也许会觉得他很虚假，一定是别有用心。同样道理，当你直接赞美他人时，对方很可能觉得那是应酬话，并不是出于真心的。如果通过第三方来传达，则往往会收到截然不同的效果，因为被赞扬者肯定会觉得你是真心的，而不会觉得你是在恭维他。

李俊和郭川在同一家公司工作，两个人的关系一直不错，可是，一件偶然发生的小事破坏了他们之间的关系，让他们之间产生了隔阂。此后，两个人很长时间都没有说话，见了面形同陌路，可能是自尊心在作祟，所以谁都不肯先开口。

一天，李俊读了一篇文章，文章介绍说背后说人的好话能化解彼此之间的矛盾。为了化解双方的矛盾，李俊决定尝试一下，于是在与办公室其他同事闲聊时，趁郭川不在，就对其他同事说了几句郭川的好话："我觉得郭川这人挺好的，人很正直，对同事热情，多亏了他的帮助，我才能胜任现在的工作，我很感激他。"

不久后，这几句话传到了郭川的耳朵里。听到这话后，郭川顿时非常羞愧，悔不该耍小脾气，误会李俊。为了弥补李俊的关心，郭川主动请李俊吃饭，双方握手言和。

如果你希望和某个人建立友好的关系，不妨在背后赞美他。当你在背后赞美他人时，此前就算你们之间有什么矛盾，也会因此而烟消云散。因此我们说，背后赞美他人的力量是非常强大的。

不过，在背后赞美别人并不意味着说别人的好话总是对的，还要结合具体情况。假如不分场合、不分情况地赞美他人，同样会带来不好的结果。总之，在背后赞美他人也要掌握技巧，看准赞美时机。

变个花样去捧人

别出心裁的赞美往往能深入人心，变个花样去捧人更能拉近双方的心理距离。与人沟通时，我们要变个花样去捧人，让我们的赞美与众不同。

林肯曾经说："一滴甜蜜比一滴苦汁能吸引更多的苍蝇。"许多人都有虚荣心，都喜欢他人的赞美。可是，当对方每天都面对同样的赞美之词，已经心生厌倦的时候，你的赞美不仅不会赢得对方的好感，还会让对方觉得厌恶。因此，赞美他人时，我们应当变个花样，让我们的赞美与众不同。

著名作家三岛由纪夫的作品中曾有过对一名将军的描写，那名将军不喜欢别人夸耀他的功绩，也不喜欢有人称赞他的作战方式，却喜欢别人称赞他美丽的胡须。对于一位将军来说，英勇善战和富于谋略都是最基本的素质，是不足为奇的，如果在这些方面夸耀他并不能得到他的好感。相反，假如不称赞他的军事才干，而是称赞他的其他方面，肯定能让他感到无比的满足。

李帅开了一家律师事务所，在一次校友聚会上，他结识了一位具有非凡才干的年轻律师，希望把他拉拢过来，到自己的律师事务所上班。不过，参加聚会的校友有很多，而且大家都是学法律的，开律师事务所的人不在少数，很多人都注意到了这位年轻有为的律师，都想把他收到旗下。

许多人都夸奖这位年轻律师口才好，在法庭上能够巧妙地辩论，一定会前程似锦。可是，李帅并没有这样做，甚至没有说一句赞美的话。他只是向那位年轻的律师讲述了自己成长的故事，然后对他说："我一直没向任何人讲过我的这些经历，没想到今天竟然把这些事告诉给你了。不知道为什么，我总觉得你这个人与众不同，比我见的那些律师多一些特殊的东西。"

几天后，那位年轻的律师主动给李帅打电话说："师哥，我想去你的律师事务所工作，怎么样？可以赏口饭吃吗？"

李帅非常惊讶，不解地问："你这么优秀，来我这'小庙'，不怕容不下你这'大佛'？为什么会选择来我这上班？"

那位年轻的律师回答说："因为你给我的印象不错，我觉得你很真诚，不像那些心口不一的人。"

与人沟通时，告诉对方："这是我们之间的秘密，我从来没有告诉给任何人，我觉得你与众不同，所以才告诉你。"这句话几乎已经成为今天的交际达人必备的新术语，被广泛地应用于和他人的交流中。

听到这种话后，对方肯定会想：他信任我，所以才愿意把心里话告诉我，这说明我在他的心中有一定的地位；他没把心里话告诉给别人，却告诉给我，是因为他觉得我和别人不一样。

每一个女人都喜欢别人称赞她的容貌，夸她倾国倾城，可是那些沉鱼落雁的女子，对这种赞美方式已经有了免疫力，不会有太大的惊喜。因为她们对自己的容貌有足够的自信，更喜欢别人可以从她们身上发现一些其他优点，希望听到一些新奇的赞美。遇到这种情况，与其赞美她们闭月羞花，不如赞美她们聪明、温柔、有能力，相信这会令她们芳心大悦，更会让你在她们心目中留下深刻的印象。

销售员与客户沟通时，客户特别厌倦销售员那些千篇一律的说辞，厌倦那些陈词滥调或不着边际的话。实际上，客户已经听惯了锦上添花式的赞美，不会因为听到这些而喜悦。就像一位很帅的小伙走进你店里时，你称赞道："小伙子，你真帅！"尽管你的赞美很真诚，可是他已经听惯了这样的话，所以很难产生喜悦感。假如你对他说："小伙子，你的发型真酷！"相信他一定会喜上眉梢。也就是说，只有那些有创意的赞美，才能触动客户内心深处的那根弦，让客户心甘情愿地和你交流。

有一位长相很普通的女孩走进一家首饰店，销售员连忙迎上去，问："美女，您有什么需要？"

听到那声美女后，女孩并没有心花怒放，而是觉得那是一种讽刺，所以她冷冷地回答说："随便看看。"

销售员说："美女，您看一下我们这儿的项链吧，和您那漂亮的脸蛋非常配，买一条肯定能让您更加漂亮。"

女孩很生气，又来到另一家首饰店。

销售员问："小姐，请问您需要什么？"

女孩回答说："随便看看。"

销售员赞美说："您身上的这件裙子挺漂亮的，也很别致。"

女孩问："是吗？"

销售员回答说："是呀，这是渐变色吧，由浅入深，很独特的，显得您特别有气质。不过就是缺少一条项链，否则效果一定会更好。"销售员很聪明，此时才转入正题。

女孩回答说："其实我就是这么想的，只是苦于不懂得搭配，害怕选不好。"

销售员体贴地说："没关系呀，有我呢！来让我看看，给您选一条合适的，保证您满意！"

最后，销售员成功把项链卖给了这个女孩。

每个人都有自己独特的优点，经验丰富的销售员懂得根据每位顾客的特点，想出一些别出心裁的赞美。就像案例中的这个女孩，虽然相貌很普通，但是裙子却很别致，显得很有气质，销售员正是根据这一点来赞美她。

对于那些脸蛋比较漂亮的人，赞美她们漂亮无可厚非，可是对于那些长相一般的顾客，这样赞美她们几乎等同于讽刺。因此，要想让别人认可你，就要从独特的角度发现他们与众不同的特点，让你的赞美新奇一些。

巧用批评式赞美更让人受用

普通的赞美方式大家已经司空见惯，没有什么新奇的，而批评式赞美能让你的赞美显得真诚、新奇，更容易打动人。

所谓批评式赞美，即把赞美“包装”一下，给它穿上批评的外衣。

曾经看到过一篇《给领导提意见》的文章，就是应用了批评式赞美法，读后令人忍俊不禁，又回味无穷。文章中这样写道：

1. 领导不遵守规章制度。领导时常提前上班，下班后仍在工作，甚至节假日时间也擅自工作，破坏了公司的规章制度。

2. 领导不注意身体。领导一心投入到工作中，饭都顾不得吃，睡不上一个好觉，不懂得劳逸结合。身体是革命的本钱，如果累垮了身体，还怎么工作呢？

3. 领导处事缺乏公正。领导对下属要求太宽，对自己要求太严；经常自我批评，却很少批评他人；经常表扬他人，却很少表扬自己。

4. 领导不注意单位形象。领导把单位的经费管理得太死了，要求大家务必要花小钱办大事，做任何事都太小家子气。办公场所不如他人的豪华，办公设备也没有他人的齐全。

5. 领导不够关心家人。领导经常把精力都放在工作上，把单位当作自己的家，对自己的家人却关心不够。没有尽到一个丈夫应有的责任，也没有尽到一个父亲应有的义务。

6. 领导心肠太软。领导一直把职工和群众的利益放到第一位，见到职工和群众有困难就心急如焚，恨不得立即帮助解决。三番五次牺牲自己的利益，保全职工和群众的利益。

虽然批评式赞美很实用，但是也不可以滥用。比如，一名初中生回答说“2+2=4”，如果你对他说：“你怎么这么不讲情面，连这么难的题都会做，让那些数学家的脸往哪放？下次记得给大家留点儿颜面，别这么聪明。”如此一来，这就不是批评式赞美了，而是带着嘲笑的讽刺了。

既然是赞美，就要建立在真实的基础之上。如果你的赞美无据可查，对方明明不是这样的人，没做过这样的事，你偏偏把对方夸成一朵花，不仅起不到赞美的效果，还会给对方一种你在讽刺他的感觉。

赵强是新调来的部门经理，对公司的各项工作情况还不够了解。小王是一位老员工，已经在公司工作了很多年。

一次，赵强把小王叫到办公室，对他说：“你在破坏团结，知道吗？你这个人的工作能力很强，上次派你去济南出差，10台机器，你1个月就修完了。这样可不行啊，同事们会嫉妒你的，不利于公司的团结。要以团结为重，以后不要表现得太优异，知道吗？”

小王莫名其妙地问：“10台机器，我修了1个月，你还说我能力强？”

赵强回答说：“没错呀，怎么了？”

小王没好气地说：“你有话就直说，想批评我就直接说事，犯不着这么羞辱我吧？就算你想赶我走，只要直接说出来就行，没必要这么讽刺我。”

听了小王的话，赵强一头雾水，本想用批评式赞美法夸奖一下小王，不知道自己哪里说错了，竟然导致他对自己的误会这么深。事后，赵强从其他同事那里了解到，原来公司的技术员一天就可以维修一台机器，10台机器足足维修了1个月，怎能算是能力强呢？别人能力明明很弱，却夸耀别人能力强，这不就是羞辱吗？

与人沟通时，批评式赞美能让你的赞美显得真诚、新奇，很容易打动人。可是，如果你胡乱使用这种方法，很可能会弄巧成拙，不仅起不到赞美的效果，还会让你的赞美变成讽刺。

因此，使用批评式赞美法时，一定要讲究事实，不能蒙上眼睛天南地北地夸耀别人。别人明明吃得很胖，你却使用批评式赞美法，对她说：“你什么意思，还让不让人活了，身材这么苗条？”可想而知，她非跳起来跟你急不可，因为你这不是赞美她，而是在羞辱她，拿她肥胖的身材取笑。因此，使用批评式赞美法赞美一个人时，千万注意要以事实为基础，否则你对别人的赞美就成了对别人的羞辱了。

会说话拒人不露痕迹

他人提出不合理的请求，直接拒绝只会伤了对方的面子，破坏双方的关系。所以我们说，只有情商低的人才说“不”。真正情商高的人，拒绝人时一定不会直接说“不”，而是运用说话技巧不露痕迹地拒绝别人，既达到了拒绝别人的目的，又不至于因此而得罪人。

不好拒绝时快使用缓兵之计

当我们遇到一些不合情理的要求，想要拒绝对方，又怕伤了对方的面子，破坏了彼此的关系时，可以采用缓兵之计，使用拖延法拒绝。

我们平时经常会听到这样的对话："今天晚上我请客，请务必光临。""哎哟，今天晚上恐怕不行，有要紧事需要处理，下次吧，下次一定去！"在中国，"下次"是一个很模糊的词，具体是什么时候，并没有明确说定。如果对方是个聪明人，肯定能听出言外之意，而不会强人所难。我们把这种表面应承实则拒绝的方法称作缓兵之计。

生活中，我们经常会遇到一些不合情理的要求，想要拒绝对方，又怕伤了对方的面子，破坏了彼此的关系。此时，我们可以采用缓兵之计，往后拖一拖。

当有人提出一些要求，可是你根本无法办到，碍于情面，又不方便直截了当地拒绝时，就不妨利用缓兵之计，先应承下来，再想一个妥当的处理办法，这不失为一个拒绝他人的好办法。

李登峰当上了某银行人事处处长，权力比以前大多了，可是烦心事也来了。

原来，自从当了银行人事处处长后，每天都有很多人带着礼物登门拜访，无一例外，都是请他帮忙推荐工作的。如果答应，银行不是自己家开的，招聘职员有诸多要求；如果不答应，大家抬头不见低头见的，再见面会很尴尬。李登峰左右为难，吓得不敢进家，不为别的，就为了躲这帮“热心的人”。

一天，李登峰刚要出门，一位老同学带着礼物来了。寒暄过后，老同学开口说：“实不相瞒，我这次来是想为儿子找工作。我儿子大学毕业两年多了，换了很多工作，一直没有稳定下来。前几天同学聚会，我听说你现在成了银行人事处处长，不知道能不能把我儿子安排到你那儿？”

李登峰问：“他学的是什么专业？”

老同学把儿子的资料递上，说：“请看在老同学的份上，务必帮这个忙呀！”

看过资料后，李登峰为难了，因为专业不对口，这个孩子的英语水平又不高，和银行的要求有很大差距。不过，李登峰很清楚，人家带着礼物来，又把话说到这个地步，如果直接拒绝，就太不给老同学面子了。思之再三，李登峰说：“你先把简历给我留下，银行现在没有适合他的岗位，一旦有了适合的岗位，我第一时间联系你。”

几个月后，老同学等不到消息，打电话问：“怎么样，有适合的岗位了吗？”

李登峰回答说：“真是抱歉，老同学，一直没有合适的岗位。因为银行要求英语必须非常好，还要求金融专业，都不适合他，把他招进来，他肯定干不了的。不过你别着急，有了合适的岗位，我就通知你，不等你给我打电话，我就给你打过去了。”

老同学提出不合情理的要求，李登峰无法立即答应，又不能马上拒绝，于是，他运用缓兵之计为自己争取思考的时间，最后巧妙地拒绝了老同学的请求。

对于很多人来说，直接拒绝他人是一件很让人为难的事情，他人提出请求时，一般人都不好意思开口说“不”。不过，很多时候，我们又不得不拒绝那些不合理或我们办不到的事情。此时，采用缓兵之计不但能为我们赢得考虑如何答复的时间，而且还能让对方感觉到我们是认真对待这个请求的，而不至于伤了对方的自尊心。

张亮夫妻二人从银行贷款，开了一家体育用品店。两个人兢兢业业，每天忙得饭都顾不得吃，终于把商店打理得红红火火的。一年下来，除了交给房东的租金外，小两口还能攒下一些钱，生活有滋有味的。

张亮有一个叔叔，平时爱好赌博，每天游手好闲，喜欢向他人借钱，借来的钱最后都被他挥霍一空。这段时间，由于手气不太好，他把借来的钱都输了，欠了一身债。可是，他不甘心落得这样的下场，下决心要把本钱捞回来，又苦于手里没有赌资，于是打起了张亮的主意。

一天，张亮的叔叔来到店里，对张亮说：“我打算买一辆面包车，帮人拉拉货，再也不去赌博了。现在手里还差1万元，想从你这借点，等拉货赚了钱就还给你。”

张亮很了解自己的叔叔，知道把钱借给他后，他肯定又拿去赌博。这哪里是在帮他，分明是在害他！思之再三，张亮决定不借给他。可是，毕竟是自己的亲叔叔，不借给他，他肯定会说一些难听的话。为了不让叔叔在店里大闹，张亮敷衍说：“没问题，再等一段时间吧，我现在生意还行，等攒点钱把银行的贷款还了，剩下的钱就借给您买面包车，银行的钱可是拖不起的，利息很高的。”听了张亮的话，张亮的叔叔知趣地走了。

张亮的叔叔来借钱时，张亮没说不借，而是说再等一段时间，先还了银行的贷款后再借。其实这话包含了很多层意思：其一，现在我没有钱，没法借给你；其二，我还欠银行的钱呢，有了钱也没法借给你；其三，我说的是过一段时间，不是两三个月，更不是两三天。虽然张亮的真正意思包括这三个层次，可是他的叔叔不会因此而心生怨恨，因为张亮没说不借给他，只是说等过一段时间再借而已。由此可见，相比直接拒绝他人，运用缓兵之计更有效，因为它不会伤了彼此的和气。

用商量的语气委婉地拒绝

当他人提出请求时，不要生硬地拒绝，而要用商量的口吻，详细说明自己不能相助的原因。这样才能赢得对方的理解，维护双方的关系。

在职场中，我们经常会遇到这样的问题：突然有一位同事开口求助，希望你帮他完成一份难度非常高的工作。假如你答应他的请求，就不得不连续加几个晚上的班才能完成任务，最后还不一定满足公司的要求；假如你不答应他的请求，对方面子上挂不住，毕竟是自己的同事，不帮忙以后很难很好地相处。那么，能不能找到一个理由，既不会得罪同事，又能顺利地把工作推出去?

除了同事，很多时候我们还要面对自己的上司。一些人觉得，就算上司提出过分的要求，也不能说“不”，否则就会伤了上司的自尊心，让上司难堪。那么，有没有更好的方法既不伤上司的自尊心，又能达到自己拒绝的目的?

徐良是一家公司的职员，负责广告宣传工作。一天，他把一个已经修改了很多次的新产品广告文案提交给部门经理，部门经理只是简单地翻了翻，就轻蔑地对他说："拿回去重做！你做的广告太直接了，没有什么创意，和街头的叫卖有什么区别？我觉得你应该做得更含蓄一些，加进一些艺术成分，而不是这么直白。"

徐良没有直接反驳部门经理的指责，而是问他："经理，能请教您一下一个新产品刚上市时为什么要做广告吗？"

部门经理头也不抬地回答说："那还用问，肯定是让消费者尽快了解新产品喽！"

徐良接着问："没错，请问怎么才能让消费者通过广告迅速了解新产品呢？"经理被问住，一时不知道如何回答。

徐良解释说："经理，我觉得创新是广告的灵魂，所以您提出的创新是很重要的。不过，我们应该根据实际情况加以变通。比如咱们的这个新产品的广告吧，现在市面上还没有类似的产品，所以消费者对它缺乏了解，我们的广告要让消费者迅速了解新产品的特性，这才是我们的宣传目的。在我看来，要让消费者迅速地了解新产品的特性，用直接的广告表现手法更好一些；假如加入一些艺术成分，做得更含蓄一些，我担心许多人会看不懂广告中的内容。您说的的确很对，直接的广告表现手法缺乏创意，可是我觉得咱们的产品本身就是一个非常好的卖点，具有很大的吸引力。所以，我觉得应该用最直接的广告表现手法。"

部门经理赞成地点了点头。

徐良补充说："这只是我的一点看法，不够成熟，假如有说得不对的地方，还请经理指正。假如您现在依然觉得艺术性的表现手法更好一些，那我现在就回去修改。"

部门经理看到徐良的态度和能力后，对他大加赞赏，从此对他刮目相看。

案例中的徐良面对经理的要求，并没有直接生硬地拒绝，而是代以商量的口吻，最终赢得了经理的赞许。因此，我们拒绝别人时，不妨以商量的口吻，带着委婉的辞令和睿智的心，设身处地地为对方着想，以诚恳的态度对待他人，这样才能在拒绝他人的同时而又不伤对方的面子。

凯文承包了一家医疗器械公司。这几年来，她的技术开发战略决策得当，科研人员雄厚，因此，公司的产值大幅度上升，经济效益非常好。看到公司一天比一天发展得好，很多人都想进入这家公司。

有一天，她的一位老上司突然打来电话，为她推荐一个人。既然是老上司推荐的，就得给老上司一个面子，让求职者来面试。可是，面试结果出来后，凯文感到特别为难。原来，求职者的专业不对口，如果让他进入公司，不仅会破坏现有的人事制度，还会影响公司的长远发展。可是，老上司推荐的人，碍于面子，又不好直接拒绝。

凯文再三考虑，觉得应该从长远利益考虑，拒绝老上司推荐的人来上班。当然，前提是要顾全老上司的面子。

几天后，凯文打电话给老上司，请他参观了自己的公司，详细讲解了每一个岗位的职能，还介绍了公司的各项制度。最后，凯文向老上司汇报了公司按照老上司指定的路线取得了飞速发展，又向老上司展示了最近几年的公司规划。

最后，凯文对老上司说："这些年多亏了您的指导，公司才得以迅速发展，公司全体员工都十分感谢您的贡献。今年上半年，依照您的指示，我们修订了用人制度，强化了管理制度，取得了非常好的效果。虽然您推荐的这个小伙子所学的专业和我们公司的要求不对口，但是他毕竟是您推荐的人，我遇到了合适的单位，一定会举荐他的。您看行吗？”

每个人都有自尊心，请他人帮忙时，或多或少都会有一些不安。面对他人的求助，假如刚开始就说“不行”，一定会伤害对方的自尊心，引起对方的反感，甚至招致嫉恨。因此，当他人提出请求时，不要生硬地拒绝，而要用商量的口吻，详细说明自己不能相助的原因，这样才能赢得对方的理解，维护双方的关系。

自我贬低法，拒绝而不得罪人

一般情况下，那些求你办事的人，都相信你有解决这个问题的能力，对你抱有很大期望。因此，你不妨多说一些自己的缺点和短处，降低对方对你的期望，从而达到拒绝的目的。

春节联欢晚会上演过一个小品：有个人为了让别人瞧得起自己，就装作具有手眼通天的本领，只要是别人求他办的事，就算困难再大也一概来者不拒。为了帮朋友购买两张卧铺票，他宁肯自己排了一夜的队，最后闹出了笑话。

虽然这个故事经过了艺术加工，不免有夸张的成分，可是生活中的确有很多与主角类似的人物。许多人不知道怎么拒绝别人，担心这样做会伤害彼此的友谊，所以经常违心地答应别人的要求。其实，这样不仅会让自己觉得不自在，也会浪费自己大量的时间。

英国作家毛姆曾在小说《啼笑皆非》里讲过一个有趣的故事，一个默默无闻的小人物突然一跃成为一名大作家，新朋友和老朋友听说后，纷纷前来表示祝贺，在小说中，情景是这样的：

一位很长时间没有联系的老朋友突然找上门来，特意向你表示祝贺。怎么办呢，究竟该不该接待他？如果按照自己的意思，实在是不愿意接待他，因为两个人没什么共同语言，这样纯属浪费时间。但是，人家毕竟好心好意来看你，怎么能闭门谢客呢？那样也太说不过去了吧！无奈只好见一面。可是，见面后，对方盛情邀请，请你改日务必去他家吃个家常便饭。虽然你心中有一百个不乐意，但是盛情难却呀，你不得不接受他的邀请，并且还要假装很愉快地接受。吃饭时，你原本不想叙旧，可是总不能冷场吧！于是又强迫自己没话找话，故意活跃气氛。那种尴尬的场景可想而知……来而不往非礼也，尽管你不乐意和这位朋友来往，可是又不得不提出回请朋友一顿。你还得苦苦思索：请这位朋友吃饭，该去哪家饭店呢？如果去高档次的大酒店，你害怕你的朋友会疑心你这是要故意摆阔；如果去档次低一点儿的饭店，你又害怕你的朋友把你看成一个吝啬鬼。

成名前门可罗雀，成名后门庭若市，而大作家最烦恼的却是如何拒绝他人。在我们的生活中，这样的烦恼自然也有不少。

虽然与人交往和帮助别人都是非常重要的，但是，违背自己的意愿，对一切要求都点头答应，难免会侵占自己的时间和精力，是不可取的。学会拒绝别人，既可以为自己节省大量时间，又可以避免许多不必要的麻烦。因此，当你不是心甘情愿时，要学会说“不”。

一般情况下，那些求你办事的人，都相信你有解决这个问题的能力，对你抱有的期望值很高。所以，如果你并不想插手别人的事，就不要过分夸耀自己，否则就会在不知不觉中抬高对方的期望，增大拒绝的难度。

你正确拒绝别人的方法应该是反其道而行之，采用自我贬低法，多说一些自己的缺点和短处，降低对方对你的期望。对方对你的期望降低后，你就可以抓住适当的机会，把对方求助的目标悄无声息地转移到别处，这样就可以达到拒绝的目的。

不过，你一定要记住：贬低自己时，一定要让你的借口听起来合情合理，让对方觉得你真的是无能为力。这样才能让彼此都能接受，不至于把事情弄得很不愉快，同时也可以避免对方三天两头地来寻求你的帮助。

李方和自己的爱人赵丽都是从农村来的“北漂一族”，在北京工作十几年了，一直住在地下室里，吃尽了苦头。今年，他们终于在五环边上买了一套房子，夫妻二人兴高采烈地搬进了新家。可是，令他们没想到的是，自从搬入新家后，他们的烦心事就一件接一件地来。

他们刚搬进新家1个月，赵丽的初中同学宋娟就来借宿，说是江湖救急，暂时收留一下。本来说好的只住一周，可是宋娟却没有半点儿要搬走的迹象，今天找这个吃饭，明天找那个唱歌，一来二去的竟然住了一个多月。初中同学来借宿本无可厚非，可是宋娟不过是她的普通朋友，上学时期两个人很少来往。除此之外，两个人的性格也不一样，赵丽喜欢中规中矩的生活，而宋娟喜欢泡酒吧、蹦迪。一次，李方和赵丽下班回到家，竟然发现自己家挤满了人，原来宋娟带来一帮朋友在这里开生日party，一群人吵吵嚷嚷的，半夜才离开。此后，家里隔三岔五就会来几个陌生人，小两口不堪其扰，悔不该同意宋娟借宿。

半年后，两个农村来的老乡来北京找工作，听说李方在北京买了房，于是，他们从李方的父母那里要来了新房地址，没打招呼就找上了门。这两个老乡说，他们住不起宾馆，租房一时又找不到合适的，言外之意就是要在这里借宿。

李方一听，立即想到上半年宋娟在这里借宿的事，当初着实把他们折腾惨了。“一朝被蛇咬，十年怕井绳。”他再也不敢让别人住进自己家里了，于是对他们说：“唉，北京的房价太高了，我买房都后悔了。虽然是交了首付，可是每月还的房贷可不是一个小数目，我们两个人的工资加一块勉强够。最近正考虑着租出去两间，缓解一下我们的经济负担，总不能不吃不喝吧！明天又到了还房贷的日子了，我刚从朋友那借来2000块钱救救急，愁死我了。”对方一听也只好另谋他法了。

遇到违背自己意愿的事情，及时拒绝反而是一件好事，避免因为此事生出许多不必要的枝节。如果你拒绝的理由对事不对人，表现的又谦虚、心有余而力不足，一般对方都会知难而退，不至于搞得大家面子上很难堪。

如果帮助他人只是举手之劳，相信谁都会欣然应允他人的请求。可是，我们面对的事情往往没有想象中那么简单。我们可以采用自我贬低法，把自己的难处和处境说出来，赢得他人的谅解，以此达到拒绝的目的。

外交辞令拒绝法，模糊界定“是”和“不是”

使用外交辞令拒绝法，既给对方留下了一点儿希望之光，不至于让对方太难堪或太失望，又为自己争取到回旋的余地。

遇到不想回答或不愿回答的问题时，外交官们总是能用一句话或一段话搪塞问话者，这就是我们所说的外交辞令。外交辞令一般适用于外交场合，指的是客气、得体而无实际内容的话，有人形象地称之为“没有错误的废话”。

在一些重要场合，国与国之间交往一般会使用外交辞令。它的特点是，说话往往只说一半，或者使用各种托词。表达赞同时，可以用“理解”“同情”“注意到”“不提出异议”等不同程度的词；表达关注时，可以用“感到不安”“深感遗憾”“严重关切”“强烈谴责”等不同含义的词。

一名娱乐报刊记者为了采访某明星，首先打电话给他的经纪人。

经纪人接通电话后，耐心地听完了记者的解释，明白了他的采访意图。但是按照规定，该明星接受采访前必须要经过他本人的同意，所以经纪人无法应允记者的请求。

无奈，经纪人只好答复记者："抱歉，这位记者朋友，我很理解您的工作，不过他现在正在度假，而且除非他主动联系我，否则连我也不知道他的去向。所以，我不得不向您表示非常的遗憾，恐怕他暂时没法接受您的采访。"

这名娱乐报刊记者不依不饶地说："既然如此，不采访他也行，您只需要替他回答我一个问题。我想问的是，据说他近期有结婚计划，不知传言是真是假？"

经纪人回答说："我很想给您一个明确的答复，但是这属于个人隐私，而且我的回答没有说服力，所以恐怕只有他本人才能给您一个明确的答复。不妨让我们拭目以待吧，事实总是比传言更有说服力，不是吗？"

在生活中和职场上，当你暂时无法回答"是"或"不是"时，可以说一些搪塞话，模糊界定"是"和"不是"，比如，可以说"天知道""这个嘛……暂时不好说""等等看吧，事实会告诉你的"。

职场上有很多人因为不懂得使用外交辞令拒绝法，拒绝他人的方式不对，最后吃尽了苦头。尤其是和领导相处，不懂得如何拒绝自己的领导，伤了领导的面子，最后很可能断送了自己的职场前途。

徐主任拿来一叠厚厚的文件，足足有五十几页，对秘书何娟说："这是明天开会时要用到的资料，你把它转成电子稿，然后打印出来，下班前交给我。"

何娟看了看表，离下班只剩下一个多小时了，而徐主任的手稿写得又那么模糊，平时完成这项工作至少需要一天工夫，今天竟然要求一个多小时完成，怎么可能呢？于是，她不满地说："这也太多了，我怎么可能完成呢？"

徐主任的脸立即沉了下来，冷冰冰地说："什么？太多？不能完成？那就请你去一家钱多、活少的公司吧！"

何娟一脸茫然，不解地问："您一下拿来五十几页，平时要一天才能完成，今天却只给我一个小时，能完成才怪呢！"

徐主任不满地说："你平时工作就很消极，经常这也完成不了，那也完成不了，既然什么都完成不了，我为什么还请你做我的秘书呢？"

何娟心高气傲，怎么可能受这样的委屈，听了徐主任的话后，她知道自己是没法继续在这个公司待下去了，只好选择离开。

何娟的离开令人感到惋惜，不过也是可以想象的，她直接生硬地拒绝自己的领导，给领导一种不服从命令的感觉，让领导威信扫地，怎么可能不被"请"出公司呢？其实，她可以先埋头工作，或者说："这有点儿难度，我尽力试一下。"半个小时后把完成任务的情况汇报给徐主任，并委婉说出她担心不能按时完成工作，请徐主任想别的办法。如此一来，徐主任就会意识到自己的要求多么不合理，自然会延长期限或请他人协助完成。

使用外交辞令拒绝法的优点在于，既给对方留下了一点儿希望之光，不至于让对方太难堪或太失望，又为自己争取到回旋的余地。相比直接拒绝，运用外交辞令拒绝法，既能起到不错的效果，又不至于伤了彼此的和气。

张琴当上了一家公司的副总经理，有些人为了巴结她，利用各种机会请她吃饭。她认为，假如接受这些邀请，不仅会耽误正常的工作和生活，还会给那些别有用心的人以可乘之机。思之再三，她决定应“模糊表态”的方法来应对，既不拒绝，又不接受。

一次，有一个人利用自己过生日的机会请她去饭店吃饭。张琴知道他不怀好意，很可能是想利用这次机会讨好她，谋求个人的利益，所以不想赴这个宴。可是，毕竟是多年的同事，怎么好意思直接拒绝呢？于是，张琴对他说：“你请我吃饭那天，总经理可能要带我去见个客户，这样吧，如果那天我有时间，肯定会去参加的。”

张琴的言下之意不难理解，如果没有时间，就没办法参加了。虽然是拒绝的意思，可是换种方式说，却具有缓冲作用，不至于让人听着不舒服。

拒绝的话不能轻易说出口，因为有很多忌讳。不懂得拒绝方法的人，很可能因为一两次拒绝就得罪了相交多年的朋友，断送了两个人的友谊；而善于拒绝他人的人，虽然经常拒绝他人，可是却从来不会招来埋怨。

转移话题，巧妙堵住对方的嘴

如果你不想听别人说的话，又不方便直接拒绝对方，最好的办法就是转移话题，巧妙堵住对方的嘴。

在日常生活中，我们经常会遇到一些令人尴尬的问话。在这个时候，假如我们直接回答“不能告诉你”，就会显得自己没有礼貌、对人不尊重，也会给对方造成心理上的不愉快。

那么，如何巧妙地回答才能拒绝对方，同时又不会让自己陷入难堪的境地呢？转移话题，无疑是一种十分有效的拒绝方法，它能巧妙转移他人的注意力，既让自己的目的达成，又很好地维护对方的面子，避免引起正面冲突。

王小姐是办公室里唯一的女子，性格开朗外向，周围的同事都围着她转，喜欢跟她聊天，开玩笑。随着大家越来越熟，身边的同事说话越来越肆无忌惮，什么话都敢说。

一次，办公室里的小郭在她面前和同事们闲聊，竟然毫不顾忌地讲起了一些不堪入耳的段子。王小姐置身其中，又羞又恼，可是为这一件小事和同事撕破脸不值得，显得自己心胸太狭窄了，毕竟大家在同一家公司工作，平时低头不见抬头见。

王小姐站起身，打断小郭说："小郭，别光顾着闲聊呀，刚才让你找的新产品资料，你找到没有？"

小郭找到后，又开始接着聊起来。王小姐再次打断他说："小郭，抓紧时间整理财务报表吧！经理今天下午开会时要用。"

小郭再开口时，王小姐又打断说："小郭，你们这个月的销售情况怎么样？比上个月有突破吗？"

这样几次下来之后，小郭终于明白了王小姐的意思，开始注意自己的言语。其他同事也已心知肚明，都改掉了在女同事面前肆无忌惮地开玩笑的缺点。

如果你不想听别人说的话，又不方便直接拒绝对方，最好的办法就是转移话题，巧妙地堵住对方的嘴。也许你心里会有顾虑，担心这样做太没礼貌，其实这样做一点儿问题都没有，因为是对方先没有礼貌，你不过是在提醒他注意自己的言行举止。

而且，采用这种方法，不仅不会让对方觉得你没有礼貌，还会让对方觉得你的态度很好。一般情况下，但凡有点儿头脑的人，看到你这样做，都能很快明白你的意思。

但是，有时候遇到的情况并没有我们想象的那么容易。有些人很难立即领会你的意思，甚至不断地用"话虽如此"或"但是"之类的语句，努力把话题拉回到他谈论的正题上去。面对这种情况，你可以不加理会，不停地打断他的讲话，搅乱他的思路，让他无法集中注意力把话题拉回到他谈论的正题上。

另外，谈话是建立在时间的基础上的，如果你多转移几次话题，时间很快就会消耗完，到时就不用你喊停，也同样达到拒绝的目的。最后，你可以把主动权掌握在自己手中，来一句：“哎呀，时间过得太快了，不知不觉都聊这么久了，咱们下次再聊吧！”

想要靠转移话题来堵住对方的嘴，就要准确把握对方的心理，在对方开口前就知道他想要说什么。

赵茜和吴森经常在一起工作，一来二去的，吴森渐渐地对赵茜产生了爱慕之情，想追求她。赵茜已经隐隐感觉到吴森的爱慕之情，但是她觉得自己对吴森没有任何感觉，所以想拒绝他的示爱。

一天，吴森鼓足勇气对赵茜说：“有个事我想对你说，但是一直没有勇气……”

赵茜听到后非常紧张。

吴森接着说：“我想问一下你，你是不是喜欢……”

赵茜连忙打断他：“你请我看的那场电影吗？我很喜欢呀！很久没看过这种大片了，记得上次看还是夏天呢，现在都冬天了。”

吴森以为赵茜没有理解自己的意思，又问：“你觉得我这个人怎么样？”

赵茜回答说：“你这个人诚实、孝顺、工作认真，挺不错的，不然我能跟你做朋友吗？”

听了这句话，吴森似乎察觉到赵茜的拒绝之意，可是仍不甘心，于是问：“周末你有时间吗？我请你吃西餐。”

赵茜回答说：“提起西餐，我就想到我的那个吃货男友，别人点牛排一般都是七分熟，那个吃货硬要点一分熟。牛排带着血就端上来了，我正准备看他的笑话，没想到他吃得有滋有味的。”

话已经说到这个程度了，吴森终于明白赵茜的意思，只好打消告白的念头。好在他没有挑明，后来二人相处时也不会觉得尴尬。

转移话题时，务必要讲究时机和技巧，巧妙地堵住对方的嘴，把自己的话插入到“正题”中去。假如你根本没听明白对方的话，就不可胡乱打断他，否则就是对他的不尊重。

难得糊涂，故作不知表达拒绝之意

毫不犹豫地拒绝他人，很容易得罪人。不如装糊涂，让拒绝在装糊涂中发挥威力。

在生活中，处处可见揣着明白装糊涂的人。其实，这种人不仅不糊涂反而很聪明，他们达观、洒脱、成熟，处处显现出人情的练达。著名诗人李白写过一句诗，叫“大贤虎变愚不测，当年颇似寻常人”，揭示了装糊涂的处世哲学。

装糊涂是一种行之有效的拒绝方法，不过，在具体应用的过程中，一定要把握好度。不糊涂会让人觉得难以相处，太糊涂会让人觉得缺乏主见，只有恰到好处的糊涂才能编织出良好的人际关系。

有一家网络公司，由于业务繁忙，公司人手不够，所以加班已经是家常便饭了。一天，大家已经持续加班3个小时，都想早点回家休息，可是还有一点扫尾工作需要有个人继续加班处理。

总经理在办公室询问：“今天晚上需要有个人辛苦一下，大家下班后必须要有一个人继续留下来加班，谁愿意？”大家你看看我，我看看你，没有一个人响应。

看到大家的积极性不高，总经理气得火冒三丈，开始教训人："公司现在正是困难时期，加班多一些，需要每一位员工配合。如果工作积极性不高，以后公司怎么能放心把重要的项目交给你们？"

紧接着，总经理问新来的员工小雪："我说的对吗，小雪？"

小雪知道这是烫手的山芋，说不对吧，会得罪总经理，说对吧，会得罪其他的同事，所以装糊涂说："啊？您说什么？真不好意思，总经理，我刚才没听清楚您说的话。这两天也不知道怎么了，耳朵总是听不太清，时好时坏的。"

总经理无可奈何地苦笑了一声，对小雪说了一声"没事"，又问新来的员工小何："你说一下，小何，我刚才说的对吗？"

小何无奈地说："对，对，您说的话很对。"其他同事听到小何的话后，虽然表面上没说什么，但是都在心中埋怨他。当然，这加班的最终人选也理所当然地成了小何。

上司提出一些难以回答的问题或不好拒绝的请求时，如何拒绝直接体现出下属情商的高低。机智的下属，懂得挑选适当的时候装糊涂，懂得如何装糊涂巧妙拒绝他人。

生活中受人欢迎的人为人和善，懂得装糊涂的学问。他们有自己的原则，不卑不亢，涉及自己底线的事情，不失强硬，却非常有技巧，既不对违背自己意愿的事妥协，又圆融地处理了人际关系。如果你也懂得运用这门艺术，你就会成为一个高情商的人。

拒绝前先给对方戴一顶高帽

有人形象地说："不懂得说'不'累死人，随随便便说'不'容易得罪人，委婉说'不'迷死人。"拒绝别人，不能生硬地拒绝，有时让对方知难而退也是一种不错的方法。

有人把说"不"和说"是"当作人际语言家族里的一对难兄难弟，认为它们有时候能和平相处，有时候却水火不容。

在职场中，上司总会提出各种要求，有的是合理的要求，而有的是过分的要求。为了明哲保身，有些人不得不抱着"人在屋檐下，不得不低头"的心态，选择委曲求全，接受上司的无理要求。其实，拒绝上司的无理要求并不是什么困难的事情，只要我们伺机给他扣一顶高帽，就能委婉地表明自己的态度。

小娟和宋玲长得都很漂亮：高高的个头，苗条的身材，俊俏的脸蛋。两个人恰巧在同一个部门，小娟的性格比较耿直，宋玲却聪明伶俐。

部门经理行为不检点，经常对新来的女下属动手动脚，很多人对他敢怒不敢言，更加助长了部门经理肆无忌惮的气焰。小娟和宋玲自然也成了部门经理的“猎物”。

一天，部门经理骚扰小娟，小娟气愤地说：“请您别这样，我可不是您想象中的那种轻浮女孩。”部门经理不怀好意地说：“如果你这么保守，和客户一起吃饭时怎么能帮我拿回单子呢？你如果放不开的话，自然不会有业绩。”小娟沉默不语。部门经理看到小娟涉世未深，就威胁她说：“很多女孩都是因为太保守，最后都被我给开了。现在找个好点的工作不容易，我奉劝你一句，做人要机灵点。”小娟感觉非常憋屈，第二天竟然匆匆辞职离去。

部门经理又把目标瞄向了宋玲，出言轻薄宋玲。宋玲很机灵，拒绝说：“经理，我知道您这个人最爱和别人开玩笑了，但是我是不会相信您开的这种玩笑的。大家谁不知道呀，您可是个品格高尚的长者，对女下属做这种事情？鬼才相信呢！我可是很尊重您的，对您的为人十分钦佩，怎么可能相信您开的这种玩笑呢？”听了这话，经理顺坡下驴说：“没错，你这个人的确很聪明，我就是想试试你怎么应对这种事情，跟你开个玩笑。以后和客户一起吃饭，难免会遇到那些不老实的人，你要多注意保护自己，千万不能上了当呀！”宋玲连连点头，微笑地说：“多谢经理提醒，我会注意的。”

在职场上，假如遇到心术不正的上司，千万不能选择屈服，但也不便硬来。有些人觉得找个好点的工作不容易，遇到上司的威胁后没有勇气反抗，又不懂得说拒绝的场面话，最后只好忍气吞声。其实，这种想法大错特错。虽然员工在职位上比上司低，可是在人格上却和上司处于平等的地位，没必要迁就他们。

当然，拒绝上司也要注意方式，不能强硬地顶撞，否则吃亏的还是你。你可以像案例中的宋玲一样，开动脑筋，给对方戴一顶高帽，你越是尊敬他，他越不好意思冒犯你。

用幽默的方式说“不”，表露拒绝之意却不尴尬

直截了当地说“不”，很容易使对方难堪、尴尬，影响两个人之间的关系。所以，不如用幽默的说话方式表达拒绝之意，既拒绝了他，又不至于得罪他。

幽默式拒绝法可以委婉地表达拒绝之意，很好地化解尴尬。遗憾的是，生活中很多人都不善于运用幽默式拒绝法，而是直接生硬地拒绝他人，因此给自己带来一些不必要的麻烦。实际上，别人并不是无法接受你的拒绝，只是无法接受你的拒绝方式。

老赵是一家公司的中层干部，平时颇得总经理的信任。近期，公司让他负责一项他责任外的工作。老赵以前从来没有接触过这样的工作，有很多不明白的地方，因此工作进度异常缓慢。可是，就在这个时候，总经理又委派他出差去和一个十分重要的客户谈判。

由于工作繁忙，老赵很少有闲暇时间照顾自己的家人，所以他的心情很烦躁。总经理委派他去出差，更加激发了他的抵触情绪，于是他不满意地说：“您还是找别人去吧，现在我已经有很多工作要忙了，整天都焦头烂额的，根本没时间出差。如果我去出差，这边的工作非耽误不

可，到时候出了岔子，我可担待不起。”

听了老赵的话，总经理十分反感，觉得他对待工作的态度很消极，于是生气地说：“既然是这样，那以后我就不麻烦你了！”

老赵被许多杂乱的事情扰乱了情绪，没能把控好自己，说出直接拒绝公司总经理的话，不知不觉地伤害了总经理的自尊心。总经理把更重要的任务交给老赵，是对老赵的信任，没想到竟然遭到了老赵的拒绝，话还说得这么难听，怎么能不生气呢？

直截了当地说“不”，很容易使对方难堪、尴尬，影响两个人之间的关系。老赵就是一个典型的例子。不过，当我们拒绝他人时，如果采用幽默的说话方式，就能既拒绝了他，又不至于得罪他。

著名导演希区柯克曾经在执导一部影片时遇到过一个比较事多的女明星，那位女明星总是向他提出各种问题，吩咐他注意拍摄角度，多次告诉他要选择她最漂亮的一侧拍摄。

希区柯克回答说：“非常抱歉，女士，恐怕我无法做到这一点。”

女明星不解地问：“为什么做不到？”

希区柯克风趣地回答说：“我们根本无法拍到你最好的那一侧，因为你把它放到椅子上了。”

听了他的话，在场的所有人都忍俊不禁，女明星也狂笑不止。

一般情况下，幽默的说话风格可以调节气氛，弱化双方的矛盾，还能使对方在笑过之后得到深刻的启示。假如用幽默的说话风格来拒绝一个人，就可以使气氛立即缓和下来，让彼此都感受不到压力的存在。

那么，这种幽默式拒绝法经常被用于什么场合呢？

1. 拒绝饮酒

随着人们的应酬越来越多，幽默拒绝法越来越多地被用于酒桌上。酒桌上的觥筹交错自然可以营造出一种美好的沟通氛围，增进彼此的关系，可是不能喝酒或酒量太差怎么办？遇到这种情况，如果直接拒绝对方的盛情邀请，很可能会使劝酒者难堪。有些人想把酒“推”出去，同时又不想使劝酒者难堪，就经常会使用这种幽默拒绝法。

比如，当有人劝酒时，很可能会说：“感情深，一口闷；感情浅，舔一舔。”此时拒绝饮酒的人可以笑着说：“假如感情的深浅与喝酒的多少成正比，那么咱们之间的感情就不能仅仅喝一杯酒了，而是应该一起跳进酒缸里，因为咱们情深似海，一杯酒怎么够呢？你说‘感情深，一口闷；感情浅，舔一舔。’我却要说‘感情浅，哪怕喝大碗；感情深，哪怕舔一舔。’”

2. 拒绝朋友邀请

拒绝朋友的邀请时，也可以使用这种幽默式拒绝法。比如，朋友请你去他家参加晚宴，你有事不想去，假如直接说“我没空，不去”，肯定会激怒他。不如采用幽默式拒绝法，开玩笑地说：“那可不行，万一你这是鸿门宴怎么办呢？刘邦有樊哙，所以才从鸿门宴中逃脱，我可没有樊哙，坚决不去！不能着了你的道。这几天忙，没时间请你吃饭，等过几天闲了，我给你摆个鸿门宴，看你敢不敢来。”对方听到你这样说，不仅不会因为你的拒绝而生气，还会觉得你这个人风趣幽默，把他当朋友才这么说，自然不会与你斤斤计较。

讲真话不讲假话，实话不代表直说

经常听见有人说：“我这人说话直，你别恼。”可惜的是，既然知道说话太直接很容易得罪人，为什么还要这样说呢？在生活中，许多人都有心直口快的毛病，说话时直来直去，从来不懂得拐个弯，最后得罪了不少人。实际上，与人沟通时，我们应学会用委婉的方式把话说出口，而不是直话直说。

情商低的人说话才直白

在现实生活中，许多人说话总是直来直去，以致在无意中伤害了他人，弄得人下不来台。要知道谁都不想听那些太直白的话，因此，和他人沟通时，要学会直话不直说。

《论语·雍也》中有这样一句话："质胜文则野，文胜质则史，文质彬彬，然后君子。"这句话的含义是："如果质朴胜过了文饰，人就会变得粗野无礼；如果文饰胜过了质朴，人就会变得虚浮。只有质朴和文饰都重视起来，才能成为君子。"通过这句话，我们便懂得一个道理：说话太直爽并非什么好事，往往是粗俗无礼的象征。

在现实生活中，许多人都有心直口快的毛病，说话直来直去的，从来不会拐弯抹角。如果此人用心善良，可能会受人欢迎，被人当作直率的人。可是，大多数时候，这样的人往往会在无意中伤害他人，弄得人下不来台，让人很是头疼。如果你责怪他吧，他不是故意的；如果你不责怪他吧，他又多次让你难堪。

有一位妇人，身材很胖，想为自己买一件衣服。刚进入一家服装店，服务员就口不择言地说："您也太胖了吧！在我们店里可找不到您要穿的衣服。”

这位妇人刚要发怒，服务员又加了一句：“不过对于老年人来说，胖点也挺好的。”

这位妇人气得直哆嗦，找店长理论说：“你们店里的服务员太不像话了，没合适的衣服就没合适的衣服呗！为什么说我又胖又老？我今天真倒霉，招谁惹谁了？”

店长慌忙道歉说：“不好意思，大妈，她没见过什么世面，所以不会说话。不过，她说的可都是实话呀！”

听了这话，这位妇人暴跳如雷，再也受不了啦。

这虽是一个笑话，不过却充分说明了实话直说的危害。人们虽然都喜欢诚实的人，但是却都不想听到太直白的话。

有些女同志买了新衣服回来，满怀期待地问身边的朋友：“怎么样，我刚买的衣服漂亮吗？”令她没想到的是，心直口快的朋友却回答说：“你不应该买这个颜色的衣服，它跟你的皮肤太不搭配了。”结果弄得人家心情很糟糕，半天说不出话来，衣服穿在身上不是，脱掉也不是。

在社会交往中，人和人之间的关系是很微妙的，往往会因为一件鸡毛蒜皮的小事而关系破裂，或者因为一句话而反目成仇。和他人的关系是变好还是变坏，说出的话是“蜂蜜”还是“匕首”，关键在于能不能把握好一个度。尽管说话直来直去的人未必有恶意，可是直来直去是很伤人的，恐怕没有几个人能受得了。

在一个同学聚会上，同学小王抱怨说：“在大城市里，物价涨得实在是太快了，再这样下去，恐怕我连卫生纸都快买不起了。”

听了这话，同学小郭说：“你那算什么大城市呀，充其量不过是二三线城市，能跟北京比吗？知不知道，以北京现在的房价，我就是再干50年，也不可能买一套房子。”

同学小丽抱怨说：“唉，咱们80后都挺不容易的……”

话还没说完，小郭就接话说：“你别总拿80后说事行吗？难道咱们80后就不能混出个样子来？你看看人家韩寒，再看看人家姚明和刘翔，不都是80后！自己混得差只能怪自己，不要把所有80后都搭进去。”

小丽不满地说：“你这人怎么这么说话？”

小郭回答说：“难道不是吗？我觉得我就不一样。前几天我突然想到一个好点子，一般人肯定想不出。如果做成了，我一年挣的钱比你们几十年挣的钱还多。”

就这样，在聚会上，只要有人发言，就被小郭抢过话头，一个人在那儿喋喋不休。如果只是抢过别人的话头也就算了，关键是他总是看不上这个看不上那个的，也不管自己的观点是否正确，甚至不管自己的话别人爱不爱听，他都像教训小学生一样教训每一个人，直到对方哑口无言。

小郭讲的话的确很现实，可是同学们都怕他，看到他在场，都不愿意发表自己的观点，因为和他聊天让人觉得很没面子。

情商高的人都明白一个道理：太直白的话总是让人无法接受，假如真相和善意相冲突，那么闭口不言才是最好的选择。所以，情商高的人一般不愿意说太直白的话。

在和他人沟通时，我们要学会站在对方的立场上去思考，要注意自己的言语措辞，不可过于直白，说出的话要能让对方听得舒心，这才是成熟有效的沟通。

不便明说的话，巧用弦外之音

无论是开口说难以启齿的话，还是开口回答难以回答的话，都可以巧用弦外之音。

所谓“弦外之音”，其实就是言外之意，指的是话里暗含着的没有直接说出来的意思。它是我们在日常生活中以及在特定场合下经常使用的一种说话方式。

在许多场合，有一些话不好直说，更不能明说，所以人们就要旁敲侧击、绕道迂回，用一些含有言外之意的话来表达自己的意思。这些话可能是一语双关，可能是曲笔影射，可能是委婉暗示，也可能是活用词义。那么，哪些场合经常使用弦外之音呢？

1. 巧用弦外之音表达难以启齿的话

有一位年迈的鳏夫，想和儿子谈续妻的事，可是又不好意思开口。思来想去，他想出一个主意。于是，他对儿子说：“晚上一个人睡觉太冷了。”儿子没明白他的意思，给他买了个热水袋。他又对儿子说：“总觉得后背很痒，自己又够不着抓痒。”儿子又给他买了一个挠背杆。一天，他的孙子要结婚了，老人抱怨说：“还让他结婚干吗呀，给他买一支挠背杆和一只热水袋就行了。”听了这话，他儿子终于恍然大悟，明白了“晚上一个人睡觉太冷了”和“总觉得后背很痒，自己又够不着抓痒”不过是老人家的弦外之音。

2. 巧用弦外之音回答难答的话

王僧虔是南朝时期著名的书法家，曾经和齐高帝一起研习书法。一天，高帝突然问他：“你和我谁的字更好？”

这个问题十分敏感，不能直接回答，因为说高帝的字比自己的好，是违心之言；说高帝的字没有自己的好，又会让高帝面子上挂不住，甚至还会影响君臣间的关系。

于是，王僧虔机智地回答说：“我的字臣中最好，您的字君中最好。”

实际上，皇帝的数量毕竟有限，字在君中最好并不是什么大不了的事，而臣子却不计其数，在臣子中最好却是了不得的事。王僧虔的弦外之音很明显，高帝的字没有自己的好。高帝听了他机智的回答，立即领悟了他的弦外之音，哈哈一笑，便不再提这件事了。

3. 女士巧用弦外之音与男士交流

相比男士，女士更懂得用弦外之音与男士交流。这与女士与生俱来的羞涩有很大关系，羞涩让她们羞于启齿，只好通过弦外之音表达自己的意思。即便是女强人，骨子里也是柔弱的，爱上一个人时，可能会表现得百依百顺，也可能会因为羞涩说出令人不解的话。

当男士手头的工作太忙，忽略了女士的存在时，情商低的女士会说：“你总是那么忙，也不知道陪陪我。”而情商高的女士却会说：“你忙吧，我一个人玩，就不打扰你了。”一般情况下，聪明的男士都能明白女士这样说的含义，就会及时停下手中要忙的事情。

当女士喜欢一个人时，很难做到主动表白，取而代之的是一声令人费解的“讨厌！”一般情况下，女士对男士说“讨厌”，实际上表达的是“我喜欢你”。在喜欢的人面前，女士越说“讨厌”，表明喜欢的程度越深。不过，这也不是绝对的，要具体情况具体分析，女士想用“讨厌”表达喜欢之意，需要伴随着几个动作：掐男士的胳膊，捶男士的背，一脸嗔笑。假如这几个动作都没有出现，只是一本正经或生闷气地说“讨厌”，可能真的是不高兴了。

当女士问男士“你在干吗”，很可能是因为女士太思念男士了，想知道男士忙不忙，有没有时间陪自己聊聊天。其实，这句话真正想表达的是“我想你了，不管你在干吗，陪我聊聊吧！”

当女士对男士说“我觉得你不爱我了，咱们分手吧”，大多数时候是女士为了试探男士，未必真的要分手，只是想让男士多给她一些关心，让男士紧张一下。

当女士对男士说“你先走吧，我想一个人静一静”，实际上并不是让男士走，而是等待男士道歉。因为女士这样说往往意味着男士做了什么错误的事情，没有真正地读懂她。此时，男士最应该做的不是离开，而是在她身边多陪陪她。

女士还有很多弦外之音，比如，对男士说“我想我真的不适合你”，其实是在说“我根本就不喜欢你”；对男士说“其实你人真的很好”，其实是在说“但是我不想和你在一起”；对男士说“你真的很可爱”，实际上是说“你这人太幼稚了”。

实话实说不如实话巧说

并不是什么实话都能受到大家的欢迎，实话实说不如实话巧说。实话巧说是换一种巧妙的表达方式，避开对自己不利的因素，让事物沿着自己期待的方向发展。

中央电视台推出过一个“实话实说”的栏目，一经播出，深得广大观众的好评。每个人都对说假话的人很反感，渴望实话实说的社会环境。可是，只知道实话实说，却不注意时间、地点和场合，很可能会语出伤人，于不知不觉间激怒别人。

实际上，在生活中或职场上，尽管我们无可避免地要和同事、领导、朋友讲实话，可是怎么表达却是一个大学问。事实证明，并不是什么实话都能受到大家的欢迎，也并不是什么实话都可以随心所欲地往外说。很多人之所以吃了很大的亏，就是因为实话实说，犯了他人的忌讳。

一个男子非常痛苦地捂着脸，询问营业员是否有治疗牙疼的速效药。营业员找出一种药，对男子说：“这是做过大手术后的特效药，可以缓解癌症带来的痛苦。”听过这话，男子勃然大怒，厉声喝道：“你会不会说话呀？我只是牙疼而已，你给我推荐什么大手术后的特效药干什么？还说什么缓解癌症带来的痛苦，难道你在诅咒我得癌症吗？”

有句俗话叫“一句话说得让人笑，一句话说得让人跳”。即便是表达同样的意思，表达方式不同，产生的结果也会大相径庭。案例中的男子之所以大发雷霆，就是因为营业员推荐药时犯了男子的忌讳。很显然，营业员没什么恶意，他的本意是说，这个药连做过大手术和得了癌症的人都能治，何况是一个小小的牙疼呢。可是，营业员没有注意说话方式，和病人沟通时只是实话实说，却不懂得实话巧说的妙用，最后在无意中得罪了病人。

可见，与人沟通，需要掌握一定的沟通技巧，与其实话实说，不如实话巧说。无论是和老板还是和同事沟通，实话实说都可能会让事情变得更加糟糕，而实话巧说却有助于同事间的和睦相处。

在一次突发事故中，主抓生产的王大帅被机器夹了一下手，只得躺在医院里接受治疗。人事部主管刘彪来病房看望他，说起车间工人陈亚磊和杨得意。

刘彪说：“陈亚磊和杨得意这两个人，技术水平过硬，可是纪律观念很差，不服管教，我准备让厂长把他们辞退了。”

听了这话，王大帅捧着手一脸痛苦的表情。

刘彪忙问：“怎么了，手很疼吗？”

王大帅点头说：“没错，简直太疼了，真想把手锯掉，就不用受这份罪了。”

刘彪责怪他说：“我看你是傻了，不就是受了点轻伤嘛，怎么能把手锯掉呢！”

王大帅说：“没错，你的话很有道理。看来咱们平时看问题很容易只注重其中一个方面，却在不知不觉中忽视了另外一个更重要的方面。刘彪呀，既然我的手受伤了需要治疗，那你看陈亚磊和杨得意这两个人，还能不能再教育一下，一定要辞退吗？”

刘彪终于明白了王大帅的话，允诺说：“你放心，我不让厂长辞退他们了，再给他们一个机会。”

王大帅没有实话实说，而是实话巧说，先指出手被夹不能把手锯掉，然后引申出员工有问题不能把员工辞退，把治病和教育人结合起来，既没有伤了两个人的和气，又为公司留住了两个人才。

相信大家都有过面试的经历，在面试时，主考官最喜欢问的一个问题就是“你为什么离开上一家公司？”回答这类问题时，一定要把握说话的分寸，因为这是通过面试的最关键的一环。

有些人口不择言，对面试官实话实说道：“因为那家公司的工资太低了，很难保障我的基本生活。”“因为我和那家公司的领导产生了矛盾，我看不惯他那种管理方式。”虽然坦率直言可以准确地表达你的个人所需，同时给用人单位留下一种诚实的印象，但是没有哪个公司会置公司的利益于不顾，只因为你是一个实话实说的人就贸然录用你。因为抱怨工资太低，会给用人单位一种你在拿他们公司做跳板的感觉，一旦有了更好的工资待遇，或有更好的公司挖墙脚，你还会选择跳槽。

一项调查表明，在面试的过程中，那些实话实说的面试者往往会提出人际关系处理不好、收入达不到期望值、工作压力太大、和上司无法和睦相处等各种辞职理由，用人单位听了这些辞职理由，往往会觉得这是求职者本人的原因，而不是用人单位的原因，因此不愿意录用求职者。

你要明白，一份好的工作背后，肯定有很多颇有实力的竞争对手，如果你实话实说，很可能会被用人单位放到最后考虑。相反，如果你懂得实话巧说的智慧，巧妙地回答用人单位提出的问题，一定能在求职的过程中为自己加分，得到用人单位的认可。

总之，与人沟通时，一定要时刻谨记：实话实说不如实话巧说。实话巧说未必是不讲诚信，而是换一种巧妙的表达方式，避开对自己不利的因素，让事物沿着自己期待的方向发展。作为一个高情商的人，一定能体会实话巧说具有怎样的分量，也一定能明白实话实说不如实话巧说。

说话多绕几个圈子，才能不碰钉子

直话直说很可能会得罪他人，无法取得理想的效果。与其直话直说，不如多绕几个圈子，这样才能不碰钉子，说出的话更容易让听者接受。

有人戏谑地说："说话就像女人的裙子——越短越好。"其实，生活中有很多话不能单刀直入地说，因为那样很容易碰钉子。既然直接说出来很可能会得罪他人，无法取得理想的效果，那么为什么不多绕几个圈子呢？

说话多绕几个圈子，其实就是迂回地表达，也就是不直接说出来。比如，用委婉的方式说直白的话，用赞美的方式说批评的话，用创新的方式说老套的话。

谋臣季梁想劝谏魏王，不让魏王攻打赵国的都城邯郸，可是，他很清楚，如果直接劝谏，魏王肯定不会听。于是，他决定采取迂回劝谏法。见到魏王后，他给魏王讲了一个颇有哲理的小故事。

"我在路上碰到一名男子，他赶着车往北走，却对我说他要去楚国。我告诉他：'你要去楚国，应该往南走才对呀。'那名男子说：'不用，我的马可是一匹日行千里的好马。’我说：‘就算马是好马，可是你的方向却错了呀。’那名男子说：‘我带了很多钱。’我说：‘你带再多的钱，方向错了也不行呀。’那名男子说：‘我的车夫技术很好！’

“虽然他的各方面条件都很好，但是方向错了。楚国明明在南面，他却驾着车往北走，条件越好，反而会离楚国越远。大王，您身为其中一个霸者，刚刚得到天下人的钦佩，却要依仗国富民强去攻打赵国，以此开疆拓土，远播威名。可是赵国并不是一个弱小的国家，假如进攻赵国出现意外，反而会削弱魏国的实力，这样也许离称霸就会越来越远。难道这和那个想要去楚国，却驾着车往北走的男子有什么区别吗？”

听了季梁的话后，魏王若有所悟，终于放弃了攻打赵国的想法。

试想一下，假如季梁说话不绕几个圈子，直接劝谏魏王不要攻打赵国，恐怕魏王就很难接受了。说话多绕几个圈子，走曲线而不是走直线，这样才能不碰钉子。假如不懂得绕弯子，直来直去地说，反而无法达到预期的目的。

在这个世界上，没有哪个人天生应该对某个人好，想让他人顺着你，你首先要学会说话的技巧，劝别人时多绕几个圈子。有些人指出他人的缺点时直来直去，不仅没能让对方改正缺点，还令对方大发雷霆。

小惠是沈阳女孩，父亲去世早，和老公结婚后，不忍心把老妈一个人扔在家里，于是就把她接到了自己家里。

和父辈的人生活在一起原本就很不方便，加上老妈的脾气很暴躁，并且做的饭也比较难吃。刚开始老公还能忍受，可时间长了容忍度就降低了，每次回到家都愁眉苦脸的。

小惠性子比较直，说话不懂得多绕几个圈子，看到老公一张苦瓜脸，就直言说："我妈在咱们家住着，你整天吊丧着脸，给谁看呢？"听了这话，老公受不了了，就和她吵了起来。

老妈做的饭菜的确难吃，有时候小惠自己也受不了，就没好气地说："老妈呀，您都做了一辈子饭了，难道就不能提高一下厨艺？您看看咱们的邻居张叔，人家一个大老爷们，刚学做饭没几天，做的饭都比您做得好吃。"听了这话，老妈拉长了脸说："怎么着？吃了一辈子了，现在吃不惯了？你是翅膀硬了还是怎么着？竟然嫌我做的饭难吃，吃不下你做呀！"

先是在老公那儿碰了钉子，后来又在老妈这儿碰了钉子，小惠很委屈地哭了。但是，哭是解决不了问题的，哭过后还得想个办法协调一下家庭关系。于是，她向自己的闺蜜请教，闺蜜给她支了个招，对她说："咱们北方人说话比较耿直，说话喜欢直来直去，其实这样效果并不好。你下次和他们沟通时多绕几个圈子，就不会像现在这样碰钉子了。"于是，小惠开始装模作样地向老公道歉，梨花带雨地哭诉了一会儿，说都是自己给老公添了麻烦，这样一来，她老公的心就软了，夫妻关系也变得融洽了。老妈做饭难吃，她也不直接说了，而是夸赞说："老妈，您最近炒的菜比原来有味多了，在里面放了什么好东西？"老妈纳闷地说："是吗？我什么都没放呀？"小惠说："那就是您的火候掌握得好了，所以炒出的菜也好吃多了。"听到女儿的夸奖后，老妈非常开心。

在现实生活中，很多人之间的关系之所以恶化，就是因为其中一方说话太直。有些女人不懂得收敛，不停地唠叨老公的缺点，抱怨老公没有本事，最后导致老公忍无可忍，选择了离婚。有的父母不懂得尊重孩子的人格，当众数落孩子，结果孩子越来越叛逆，越来越不听父母的话。

都说“好男人是夸出来的”“好女人是哄出来的”“好孩子是鼓励出来的”。其实，这都是要求我们与人沟通时学会多绕几个圈子。每个人都害怕他人揭自己的短，因此，指出他人的错误时，不能太直接，而应该含蓄点。比如可以采用讲故事或者讲述他人事例的方式来巧妙暗示对方，让他自己醒悟。

说实话要把握分寸，呵护他人的颜面

我们提倡说实话，但是并不提倡什么实话都往外说。有些实话是不能说的，说了就会得罪别人，因为并不是所有人都喜欢听实话，也并不是所有实话都能讨人欢心。

越是关系好的人，越容易忽略沟通方式的重要性，他们往往讲话很直接，有时甚至讲话非常难听。比如，有些人问候熟人时，经常说："吆！这么长时间没见，还活着呢？"其实，这样说话很容易导致两个人之间的关系出现裂痕。要知道即便是关系亲密的人，也应该呵护他人的颜面，而不能如此没有礼貌。

和朋友沟通时也应注意说话方式，而不是随心所欲，想到哪说到哪。千万要记住，朋友也有情绪，也有好恶，也要面子，所以朋友之间也应该适度客气。

郭女士、何女士和孟女士是关系非常要好的姐妹，平时经常带着自己家的孩子互相串门。

一天，郭女士的孩子得了传染病，何女士担心传染给自己的孩子，于是打电话对郭女士说："听说你家孩子得了传染病？这几天就别让他到我们家来了，我担心传染给我的孩子。等他病好了，再来我家玩吧！”

实际上，郭女士是一个很自觉的人，不用别人提醒也知道不能带着孩子到处串门。虽然她原本就没打算带着孩子去串门，可是听了何女士的话后，她很生气，直接就把电话给挂了。她向自己的老公抱怨说：“真是知人知面不知心呀，交往这么多年了，第一次知道她竟然是这样的人，以后我再也没有这个朋友了。”

老公安慰她说：“她的话倒是实话，的确不能带着孩子去串门，不然会传染给别人。”

郭女士说：“我又何尝不知道，但是作为好朋友，她说的那叫什么话呀！咱孩子身体不舒服，她就那样说，阻止我们去她家，这不是歧视咱孩子吗！”

孟女士也打电话给郭女士，对她说：“听说咱们的宝贝儿子病了？现在怎么样了？好些了吗？”

郭女士回答说：“没事，已经好多了。”

孟女士说：“那就好，不过这次小宝贝可要遭罪了，又要打针又要吃药的。你别太着急呀，有什么事就告诉我，我随时听候差遣。”

听到这些话，郭女士心情好多了，对孟女士说：“多谢你，没什么大不了的，就是不能出门，医生说要隔离治疗，否则容易传染给别人。”

孟女士说：“唉，这下我家的小宝贝该难受了，没人陪她玩了，今天还嚷嚷着要去你们家呢！不过也没事，等他病好了，咱们一起去游乐场痛痛快快地玩一天，好好地去去晦气！”

许多人都觉得只需要对陌生人、客人说话客套一些就行了，对那些关系亲密的人不用太客气。但事实并不是我们想象的那样，不管什么关系，要想维持下去，都要以尊重为基础。

俗话说：“人活一张脸，树活一张皮。”其实，好面子是一种非常正常的现象。每个人都好面子，都希望他人尊重自己，因此，不管在什么时候，也不管是什么关系，在向他人提建议时，要呵护他人的颜面，因为那是维护友好关系的润滑剂。

比如，当别人问你“有什么指教”时，最好不要直接发表自己的观点，而是要客气一下，对他说：“指教不敢当，就是一个小小的建议，可能说得不对，希望你不要介意。”如此一来，你的表达就会变得柔和、委婉。总之，与人沟通时，一定要注意呵护他人的颜面，把握好说话的分寸，这样效果才会更好。

当面斥责，不如巧妙暗示

有时，当别人犯了错误时，我们有话不能直说，而应采用旁敲侧击的方法，用隐晦、含蓄的语言巧妙暗示对方，这样才能更好地达到自己的目的。

很多性格直率的人都很疑惑："我直言不讳，别人有了问题，我立即给他指出来，可是为什么最后反而得罪了不少人？"有时候，直言不讳是能给人留下一个好印象，让人觉得你这个人很真诚、热心。可是，很多时候，直言不讳不仅会伤害到对方，还不利于解决问题。因此，与其直言不讳，不如学会巧妙暗示。

刘楠父母离世早，他从小靠吃百家饭长大。长大后，他艰苦创业，开办了一家烟花爆竹厂。为了回报曾经的父老乡亲，他特意邀请他们到自己的公司工作，给他们提供丰厚的待遇。

可是，员工都是老熟人，不少人甚至是自己的叔叔、伯伯，管理自然不那么容易。

我们都知道，一个小火星足以让整个烟花爆竹厂成为一颗巨大的炸弹。因此，刘楠严禁所有员工在厂房内抽烟。

一天，刘楠到厂子里考察，发现几个工人正在抽烟。在这几个工人背后的墙上，“禁止抽烟”四个大大的红字格外醒目，他们竟然视而不见。刘楠刚要大发雷霆，却发现那几个抽烟的人都是自己的老乡，大家关系这么好，怎么好意思张口训人呢？可是，在烟花爆竹厂抽烟这种事情必须禁止。

转念一想，刘楠从兜里掏出一盒烟，给每一位工人发了一根，然后真诚地对他们说：“各位叔叔、伯伯，假如你们能去外面的吸烟室抽这根烟，我将会非常感激你们。从小到大，全靠你们的照顾，我才有今天的成就，在我心目中，你们就像我的父亲一样。所以，我得把你们照顾好，保证你们的生命安全。咱们这是烟花爆竹厂，见不得一点儿火星，我可不想看到咱们大家因为一根烟而被炸得飞上天。你们好好想想，我的话对吗？”

“金无足赤，人无完人。”任何人都会犯错误。面对别人的错误，假如当面斥责，你得到的很可能是对方的强硬反抗。因此，不如采用含蓄的语言巧妙暗示，委婉地提醒对方，让对方意识到自己的错误，并主动改正错误。

在美国经济大萧条时期，很多人都失业了，找一份工作非常困难。幸运的是，一位女士在一家高级珠宝店找到一份销售珠宝的工作。

一天，珠宝店里走进一位衣衫褴褛的男青年。那人的两只眼睛一直盯着柜台里的那些珠宝首饰。此时，电话铃声突然响了，女士慌忙接电话，却不小心弄翻了柜台上的珠宝。接完电话后，女士慌忙捡起掉落在地上的珠宝，发现少了一枚钻戒，又仔细找了找，结果怎么都找不到。

此时，她发现那名青年人正慌慌张张地向门口走去，立即明白那枚掉落的钻戒在哪里了。

青年人刚走到门口，女士便叫住他，说：“对不起，先生，请等一下！”

青年人转过身，故作不解地问：“请问有什么事吗？”

女士柔声细语地说：“先生，这是我的第一份工作，你也知道，现在找一份工作太难了。”

青年人紧张地看了女士一眼，握紧了拳头。

女士问：“假如你是我，肯定会像我一样特别珍惜这份工作的，我说的对吗？”

青年人退了回来，把手伸向女孩，对她说：“祝你工作顺利，生活美满！”女士也伸出手，两只手握在了一起。女士依然柔声细语地说：“也祝你生活美满！”

青年人转身迅速离开，女士拿出青年人放在她手里的钻戒，然后把它放到了柜台上。

案例中的青年人趁女士不备，悄悄地偷走了那枚掉落在地的钻戒。一般遇到这种情况，大部分人都会大呼小叫着“抓小偷”或直接报警。可是，这位女士并没有这样做，也没有当面斥责青年人，而是巧妙暗示他，最终让他主动改正了自己的错误。

直话不直说，玩笑中表达立场

许多人都抵触他人直言相告的行为。如果你能够通过幽默的方式，把你的建议表述得委婉一些，让对方在一笑之间明白你的建议的合理性，既可以让他接受你的建议，还能够让他领略到你的善解人意和机智幽默。

许多人都抵触他人直言相告的行为，尤其是那些固执己见的人，更不容易接受他人的直言相告。如果你直言相告，很可能会使双方弄得脸红脖子粗，最后不欢而散。那么，怎样才能让对方接受你的建议，又让他觉得你不是在故意为难他或不给他面子呢？非常简单，把你的建议幽默地表述出来。

南唐时，赋税繁重，百姓苦不堪言。“福无双至，祸不单行”，偏巧京师又遭遇大旱。烈祖询问群臣：“京城以外的地方都下了雨，偏偏京城没有下雨，为什么会这样？”大臣申渐高决定利用这个机会进谏，于是开玩笑说：“因为雨害怕交税，不敢在京城下。”烈祖是一位天性比较豁达的人，听到这话后哈哈大笑，明白了申渐高的意思，于是减轻了赋税。就这样，申渐高借助一句玩笑话巧妙进谏，为百姓做了一件大好事。

在玩笑中表达自己的立场是与人沟通的一种特殊方式，利用这种方式提建议，既能让自己的观点易于被听者接受，又容易维护双方的和谐关系。

尤其是在向上司提意见时，更不能直言不讳地表达自身的立场，否则很可能会触犯上司的威严，撞在“枪口上”。遇到此类情况，不妨开个小玩笑，巧妙地提意见。

有一家公司，待遇非常差，职工颇有微词。公司领导知道这种情况，可是却不愿意改善员工的待遇。他觉得自己的员工都很平庸，对公司缺乏忠心，工作上不够努力，甚至很多人都只是在兼职，没必要提高他们的待遇。

一天，这家公司的主管向总经理反映：“咱们公司员工迟到现象一直无法解决，对工作很不利。”

总经理问：“为什么大家都迟到？处罚不够严厉吗？”

“不是这个原因，”主管叹了口气，继续说，“如果大家选择坐公交车，很难挤上去；如果大家选择坐出租车，打车费比他们一天的工资都高。这个问题解决不了，就很难解决员工迟到的问题。”

总经理回答说：“走路不就好了，一分钱都不用花，还可以锻炼身体。”

主管笑着说：“恐怕不行，因为鞋袜磨破了，他们没钱买新的。我建议公司发布一个公告，倡导大家光着脚来上班，这样就能解决这个问题了。要怪只能怪他们命不好，偏偏生在这个时候，谁让他们不去想发财的门路呢，活该当苦命的职员，活该坐不起出租车。”

总经理感到不好意思，只得答应改善员工的待遇。

主管为了劝说总经理改善员工的待遇，没有用正面劝说的方式，而是通过开玩笑的方式，以责备下属的语气揭露公司待遇差的事实。虽然语气上是嬉笑，但是实际上却是在批评公司的制度。

需要注意的是，采用开玩笑的方式提建议前提是劝导者和对方的关系要好，彼此间没有隔阂，否则这种开玩笑的说话技巧就成了含沙射影，故意让对方难堪。

提高说服力，有技巧地说服别人

说服别人时，我们会发现身边倔脾气的人真不少。面对他人的说服，很多人都有一种抵触心理，不愿意接受他人的观点。说服别人不是强迫别人接受我们的观点，而是让别人主动接受我们的观点。想让别人主动接受你的观点，你就要使你的语言丰富起来，使用委婉的说服技巧，化解对方的抵触心理，让对方乐于接受我们的观点。

把你的观点“包装”一下，变成对方的观点

说服别人时，最好不要直接表明自己的观点，更不要强迫别人接受自己的观点，因为这样很可能会激起对方的反抗情绪。你可以把自己的观点“包装”一下，巧妙地“伪装”成对方的观点，那样对方自然不会反驳了。

人们通常有一个缺点：和别人沟通时，往往会以自我为中心，觉得自己的观点比别人的观点更正确。总想着说服别人，最终往往谁也无法说服谁。

其实，我们没必要把自己的观点硬生生地灌输给别人，而是可以把自己的观点“包装”一下，变成对方的观点，那样效果往往更好。正如卡耐基所说：“在说服他人时，假如你只是提出自己的意见，但是最后的结果是让对方通过思考得出的，让对方在潜意识中认为那个观点就是他自己想出来的，这样往往更能说服他人。”

从大学校长到美国总统，威尔逊的经历颇具传奇色彩。他博学多才，被学生们誉为“学问之父”。不过，任何事物都有两面性，博学多才的威尔逊相当自负，听不进任何人的意见。他的下属们甚至给他取了

一个外号，叫“史前之门”。这个外号的含义是，他就像是用史前巨木打造而成的门，一切有新意的观点或建议都会遭到他的拒绝。

尽管威尔逊总统有“史前之门”之称，他的助理豪斯却能成功地把自己的观点传达给他。一次，威尔逊开完会后，豪斯满怀希望地找到他，条理清晰地陈述了自己的观点。那是一个经过深思熟虑才提出的观点，已经规划了很长时间，豪斯自认为自己的观点很成熟，不可能被拒绝。可是，尽管豪斯说得激情洋溢，威尔逊还是拒绝了他的观点。威尔逊像回答其他同事一样，回答他说：“我丝毫听不明白你在说什么，也许你说的不过是废话而已。等我想听废话的时候，一定会邀请你再讲一遍。”遭到威尔逊的拒绝后，豪斯非常失望，不过，他却以为是自己的观点不够好。

但是，在几天后的一次酒宴上，豪斯遇到了一件令他十分震惊的事情。原来，威尔逊当着众人的面陈述了一个观点，而那个观点正是他前几天所说的，可是威尔逊竟然当作自己的观点一样说了出来。

从此之后，豪斯终于变得机灵了，明白了当初威尔逊为什么会拒绝自己的方案，也学会了怎样向威尔逊进言献策。他总是选择没有人在场的情况下，把自己的观点“包装”一下，不着痕迹地“植入”威尔逊的脑海里，让威尔逊把它当成自己的观点。

后来，豪斯一直用这个方法向威尔逊提建议，当然他提出的建议被采纳的成功率也非常高。

在工作中，员工经常会向领导提出自己的意见，这既是员工的义务，又是员工的职责。可是，不懂得说话技巧的员工，提出的意见很难得到领导的认可。这样时间一长，就会对自己的自信心造成打击。尤其是那些经过深思熟虑的计划，你自己认为是非常优秀的，是值得采纳的，可是依然遭到领导的拒绝，更会加深挫败感。

实际上，领导拒绝员工提出的意见或观点，很可能并不是因为员工的意见不够好，观点不够独特，而是因为领导和员工所处位置不同，以至于心态也有很大的不同。要想让领导接受自己的观点或意见，你也可以像豪斯一样，把自己的观点“包装”一下，巧妙地“伪装”成对方的观点。然后引导对方亲口说出这个观点，从而达到说服对方的目的。

动之以情，更容易劝服对方

与人沟通时，假如可以用煽情的办法打动对方，引起对方的情感共鸣，就可以达到说服对方的目的。

我们常说："动之以情，晓之以理。"这里所说的"动之以情"，其实就是煽情原则。说服一个人，最有效的方法莫过于情感说服。俗话说："人非草木，孰能无情。"在日常生活和工作中，我们总是接触各种各样的人，说服的方法各不相同，但是都可以采用动之以情的方法。

研究表明，一个人在对某件事做出判断之前，往往会受情绪左右。所以，说服他人时，可以利用这个原理，通过融入情绪的方法影响对方的判断，这样往往可以令说服过程更加顺利。

林肯是美国历史上口才极佳的总统。在他还是一名律师的时候，就曾经利用煽情原则，赢得了一场本不可能获胜的诉讼。

一天，一位年迈的妇人找到林肯，向他讲述自己的不幸经历。原来，老妇人是独立战争时期一位烈士的遗孀，生活的来源全靠每个月领取的微薄的抚恤金。不久前，她像往常一样去领取抚恤金，却被出纳员刁难，被要求缴纳一笔手续费，否则不能领取。出纳员要求缴纳的手续费已经高达抚恤金的一半，这无异于变相地勒索老妇人。

法庭在审理这个案件的时候，作为被告的出纳员对这一切都矢口否认。这个黑心的出纳员十分狡猾，他只是在口头上勒索老妇人，却没有留下任何可以作为证据的凭证。对老妇人来说，这几乎已经成为一件注定会败诉的案件。

此时，林肯开始发言，法庭上一百多双眼睛都紧紧地盯着他，看他有什么办法可以扭转这种对老妇人不利的局面。林肯用抑扬顿挫的声音，先是把听众引入到对美国独立战争的回忆中，又用饱含泪水的神情，讲述了爱国志士们怎样在冰天雪地里进行战斗，直至为了正义而付出宝贵的生命。

最后，林肯动情地说："如今，发生的一切都已经成了过去。1776年的那些英雄也已经长眠于地下，可是他们那些可怜的遗孀却还生活在我们身边，站在我们面前的这一位就是其中之一。他受到了非常不公平的待遇，请求我们还她公正。这位老妇人曾经也是一位美丽的少女，也有过一段幸福美满的家庭生活，但是，那场残酷的战争剥夺了她的一切，让她变得贫穷，变得孤独无依，被迫无奈，她才向享受着革命先烈们争取来的自由的我们请求给予援助。试问诸位，面对这种情况，我们难道真的可以做到熟视无睹吗？"

林肯的发言结束后，在场的听众都为之震撼，有的人因为同情老妇人而热泪盈眶；有的人怒发冲冠，忍不住要殴打被告；有的人当场慷慨解囊，要救济老妇人。最终，听众一致要求，给予出纳员应有的惩罚，并且通过了保护烈士遗孀不被勒索的判决。

如果林肯从证据的角度说服大家，很可能使自己陷入僵局，而无法拯救受到刁难的老妇人，更无法通过保护烈士遗孀不被勒索的判决。林肯没有出示老妇人被出纳员勒索的证据，而是采用动之以情的方法，从老妇人的身世说起，引发听众的同情心，从而达到说服他人的目的。

煽情就像一个万花筒，里面总是装着令人意想不到的东西；煽情就像一双灵巧的手，总是可以弹出动听的乐曲。在很多场合，虽然表面上看已经陷入僵局，但是运用煽情原则后，往往能收到意想不到的效果，这就是情感的力量。

所以，我们在说服他人时，务必要学会调动对方的情感，利用情感来影响对方，从而让对方更容易接受我们的观点。

适时刺激一下，对方就听你的

与人沟通时，要千方百计地调动对方的感情力量，适时刺激一下对方。这样才能激发他的积极性。

说服他人时，我们常常会有这样的疑惑：同样是说服某一个人，同样是谈论某一件事，当我们想方设法地让对方知道这样做会有多么大的好处时，对方却无动于衷，把我们的话当作耳旁风。而当我们告知对方假如不这样做会有多么大的损失时，对方却很快就接受了我们的观点。

为什么会出现这么奇怪的现象呢？这是因为人人都有一种强大的自我保护欲。人类特别善于保护自己，在所有关口都设置了一道坚固的防线，保护自己避免遭到外界的侵扰，除非遇到万不得已的情况，否则不肯轻易撤离防线。大量事实表明，在说服他人的过程中，适时刺激一下对方，往往会有更好的说服效果，特别是在涉及对方利益的时候。

比如，劝一个人买保险时，假如对他说："您购买这个保险，每个月只需要存入1500元，那么20年后，光是您的本金就有36万元。不只是如此，在这20年内，您还会得到利息和公司的分红，而20年后，您就无须为退休后的生活而苦恼了，因为您的个人账户上已经有一大笔资金，您只需要好好享受晚年生活就行了。"这样说的效果并不好，倒不如适时刺激一下对方，对他说："虽然您现在的生活非常好，但是20年后您退休了呢？在我们身边，许多人退休后只能靠儿女的扶持才能过上稳定的生活。可是，如今的年轻人生活压力多大呀！更不用说现在的年轻人和我们的生活观念有很大的不同了。让他们存钱，简直就是在故意刁难他们，他们每个月存的钱还没有我们的一半多。等您退休后，没准他们连自己的生活都无法照顾好，更不用说照顾您的生活了。"听到这些话后，许多人都会被刺激到，从而下定决心每个月拿出1500元购买这份保险。

经研究发现，人们在听完积极、肯定的消息后，其情绪也会被这种积极信息影响，从而感到放松甚至兴奋，可是在这种状态下，人们往往容易产生惰性心理，不肯改变已经感到特别满意的现状。听到这种积极的消息后，假如人们只是微微一笑，或是点了点头，没有采取任何的行动，就说明这是一次不成功的说服。相反，假如这个人听到的是负面、消极的消息，他就会被这种消极信息影响，感到惶恐不安、担惊受怕，此时就需要采取某些行动来改变这种令人不安的局面，一旦我们给出的策略能够帮助他，他就会听从我们的安排。

让我们来看看下面这个例子：

有一家橡胶厂曾于4年前进口了一整套价值200万元的现代化胶鞋生产设备，可是这家橡胶厂的技术力量薄弱，这套设备始终都没有被投入使用。新来的厂长刘总上任后，决定把这套设备转卖给另一家橡胶厂的厂长赵总。

谈判开始前，刘总已经通过关系了解到两个信息：其一，赵总负责的橡胶厂经济实力雄厚，可是80%的资金都已经投入了再生产，想要立即拿出200万元添置新设备是很困难的；其二，赵总年轻气盛，在任何情况下都不肯示弱于人，喜欢和别人一较高下。

对赵总的情况有了大致的了解后，刘总决定亲自与他谈判。刘总对赵总说："昨天我在贵厂参观了一整天，对贵厂的生产情况有了大致的了解。准确地说，你们的管理水平的确令人佩服。以贵厂现有的生产设备来看，在国内是屈指可数的，最起码在三五年内不会出现太大的问题。至于转卖设备吗，我还有两个疑问，想请教您一下，希望您不吝赐教。"

赵总好奇地问："噢？疑问？什么疑问？刘总不要客气，但说无妨。"

刘总故作轻蔑地说："不知道贵厂是否有足够的经济实力购买这套设备？还有，就算贵厂有足够的经济实力购买这套设备，不知道贵厂是否有能力招聘到操作、管理这套设备的技术人员？"

听到这些话后，赵总觉得刘总在轻视自己的实力，于是用炫耀的口气向刘总介绍了厂子的经济实力和技术力量，以此证明厂子有能力购买这套价值200万元的设备。就这样，刘总最终把闲置了4年的设备转卖给了赵总。

归根结底，人类是有感情的动物。因此，与人沟通时，不妨调动对方的感情力量，适时刺激一下对方，那样就可以让对方乖乖听你的。不过，这种刺激法使用的是一种逆向的说服法，需要比较高的说服技巧，具体操作时应该注意以下几个方面：

1. 选择合适的刺激对象

并不是每一个人都可以适时刺激一下，刺激的对象一定要有所选择。那些不够成熟的人，有自我实现强烈愿望的人，总想在大家面前证明自己的人，容易被言语牵制的人，往往是最适合的刺激对象。另外，那些自尊心强、虚荣心强、爱面子的人，往往也是最适合的刺激对象。

2. 以尊重对方为前提

刺激对方并不意味着可以不尊重对方，相反，刺激对方要以尊重对方为前提。你使用这种方法时，千万不能攻击对方的生理缺陷、隐私，否则只会适得其反。你可以从“权力大小”“能力高低”“信誉好坏”等诸多方面刺激对手，最终达到说服对方的目的。

3. 不能让对方察觉到

刺激对方要不露声色，让对方不知不觉地朝着自己的设想走。假如刺激对方时太过明显，让对方察觉到，不仅无法达到预期的效果，反而会被对方利用。

投其所好，迎合对方的心理需要

与人沟通时，迎合对方的心理需要，说一些对方想听的话，更能激发对方的沟通欲望。对方甚至会把你奉为知己，觉得你太了解他了，自然愿意和你多聊几句。迎合对方的心理需要，对方才愿意听你说话，才相信你说的话，你们之间的沟通才有效。

不知道你是否有过这样的体验：你正在思考一件事，而对方却在滔滔不绝地讲述另一件毫不相关的事，你想立即结束交谈。比如，你刚刚结束了一天的工作，想躺在床上好好地休息一下，此时朋友却登门拜访，向你讲述他遇到的那些鸡毛蒜皮的事。相信你肯定会兴致索然、不耐烦地应付着这个“不速之客”。

而如果你的朋友换一种表达方式，先问你：“工作了一天，一定特别累吧？是不是很想睡一觉？”你也许会把他奉为知己，觉得他太了解你了，自然愿意和他多聊几句，也就顾不得自己累不累了。这就是迎合对方的心理需要所显现的效果。

可见，与人沟通时，迎合对方的心理需要，说一些对方想听的话，更能激发对方的沟通欲望。因此，我们在开口前，应该先搞清楚对方的兴趣点，弄明白对方有哪些心理需要，然后再投其所好，迎合对方的心理需要。

赵磊的电脑坏了，于是他打电话给电脑维修公司。

接通电话后，赵磊问技术员："您好，我的电脑无法上网，应该是某个地方坏了，我想咨询一下是怎么回事。"

技术员没好气地说："你必须把电脑带来呀，不检查一下我怎么知道你的电脑哪里坏了？"

赵磊对技术员的话很反感，但是为了修好电脑，他只好接着说："我不小心拽了一下电脑的网口，应该是把网口拽松了，所以上不了网。不知该怎么办？"

技术员不耐烦地说："那也要先检查一下才知道呀，我又不是神仙，没有未卜先知的能力，不检查怎么知道？"

赵磊再也无法忍受这名技术员的态度，于是挂断了电话，又拨通了另一家电脑维修公司的电话。

接通电话后，技术员问："您好，请问有什么可以帮助您的？"

赵磊回答说："您好，我的电脑无法上网，想咨询一下是什么原因。"

技术员问："没问题，先生！很高兴为您服务。请问您的电脑最近有什么异常吗？"

赵磊说："是这样的，我不小心拽了一下网口，应该是把网口拽松了，所以上不了网。我买了一个USB网口转换器，使用了一段时间，可是今天又不能上网了。准确地说，现在可以上网，但是网速非常慢，十几分钟才能打开一个网页。"

技术员回答说：“原来是这样！您使用的是USB网口转换器，网速慢是可以理解的。这样吧，您换一个电脑原装网口，相信上网就没什么问题了。”

赵磊连忙问：“那如果换一个电脑原装网口，需要花多少钱呢？”

技术员回答说：“花不了多少钱，别的地方我不太清楚，在我们店几十块钱就能搞定！”

赵磊高兴地说：“既然是这样，那我明天带着电脑去你们店修可以吗？”

技术员说：“当然可以，请问先生您贵姓？”

赵磊回答说：“免贵姓赵。”

技术员说：“好的，赵先生！请您给我留一个电话号码，稍后我会把我们公司的详细地址和联系电话以短信的方式发送到您的手机上。同时我这里还会做一个备案，以便做好您的接待工作，节约您宝贵的时间。”

赵磊毫不犹豫地说：“好，我的电话是……”

赵磊在两家电脑公司咨询的问题是一样的，得到的结果其实也大同小异，最终都是要求赵磊带着电脑到店里维修。不过，第二家电脑维修公司更能迎合赵磊的心理需要，告诉他电脑应该怎么修，以及维修需要花费多少钱。赵磊最关心的是电脑维修公司打算怎么修，需要收取多少维修费。第一家电脑维修公司没有迎合赵磊的心理需要，表现出不耐烦的情绪，最终错过了这笔生意；第二家电脑维修公司迎合了赵磊的心理需要，耐心地解答了赵磊最关心的问题，最终说服赵磊留下联系电话，带着电脑到店里维修。

要想顺利地说服对方，就要让对方从你的话语中感受到你的真情，这就要求你在说话时一定要迎合对方的心理需要，说一些对方喜欢听的话。因此，开始和对方接触时，你就要试图洞悉对方有什么样的心理需要。

但是，每个人都有自我保护意识，都不希望自己的心理需要被他人窥探出来，因此你很难真正了解对方的心理需要。此时，最好的解决办法并非没头没脑地迎合对方，而是先说几句体贴的话，让对方感受到你对他的关心。比如，对方看上去很劳累时，你可以不失时机地说："你没有休息好吗？一定要注意休息啊！只有休息好，身体才能保持健康，别忘了，身体可是革命的本钱呀！"

洞悉对方的心理需要后，你还要知道如何迎合对方的心理需要，知道该说什么、该怎么说。假如你像案例中的第一家电脑维修公司的接线员那样，简单地以为对方的需要就是修电脑，然后建议对方把电脑带到公司检修，那么你将无法赢得对方的信任。

总而言之，要想赢得对方的信任，就要迎合对方的心理需要，态度谦虚一些，说一些对方喜欢听的话。只有这样，对方才愿意听你说话，才相信你说的话，你们之间的沟通才有效。

多用“建议”，而不用“命令”

你越尊重别人，别人也就越尊重你。如果你用商量的语气与对方交流，经常用“建议”，而不是用“命令”，相信对方一定会心甘情愿地接受你的建议。

每个人都有自尊心，都希望赢得他人的尊重。想要让他人主动接受命令，而不是被动地服从安排，就要把“要他做的事情”转变成“他要做的事情”。因此，你要多用“建议”，而不用“命令”，这样你既维护了对方的尊严，又调动了对方的积极性，让对方主动完成工作。比如，不要对别人说：“我现在就要你做这件事，你必须完成！”而是应该换一种说法，对别人说：“你现在有时间吗？不知道能否抽出时间处理这件事？这件事挺着急的，请你多帮忙吧！”命令的口吻显得你这个人颐指气使，哀求的口吻显得你这个人卑躬屈膝，都不如用商量的口吻效果更好。多用“建议”，显得你这个人谦逊有礼、尊重别人，更容易让对方接受。

对于管理者来说，给下属指派工作是一项重要职责，但是怎么才能确保下属心甘情愿地执行命令呢？

给下属下达命令时，如果管理者毫不客气地说：“小郭，你抓紧时间把这份材料准备好，放到我办公桌上。假如下班前还没有完成，你必须留下来加班！”或者说：“我已经说过很多遍了，你怎么就是记不住呢？立即停下手中的工作，重新做一份交给我！”如此一来，管理者和下属之间的关系必然会恶化。

许多人自认为管理者就可以发号施令，可以在他人面前指手画脚，可以指挥别人干这个、干那个。其实，没有哪个人喜欢看到管理者一副高高在上的架势，也没有哪个人喜欢管理者这种命令的口吻。

管理者和普通职员虽然职务上有差别，但是二者在人格上是平等的，没有什么高低贵贱之分。普通职员不服从管理，往往并不是因为工作本身使人不愉快，而是管理者的那种趾高气扬、自傲自大的态度激怒了他们。

有一位小厂的厂长，从来不用命令的语气指挥下属。他经常把自己的想法告诉自己的下属，然后问下属：“你们觉得这样做怎么样？有什么不妥吗？”比如，他的助手起草了一份文件，文件中有需要改动的地方，他就会用一种征询的口气说：“你觉得如果把这句改成这样，是否会更好一些？”

一次，一位订货商下了一张大订单，要求一个月内完成生产任务。当时，工厂的各项工作已经安排妥当，没有时间着手这项新的订单，想要在一个月内完成生产任务似乎是不可能的事情。不过，这可是一笔大生意，机会实在是太难得了。

厂长没有直接下达命令要求工人们加班加点地完成这张订单，而是把全体员工召集到一起，向他们讲述了具体的情况，并坦诚地对他们说：“如果咱们厂能在一个月内赶出这张订单，就能和这个大客户持续合作，对咱们厂的意义非常大。也就是说，这张订单对咱们厂的诱惑还是很大的，我唯一担心的是没有办法按时完成这张订单。不知道大家是否能帮我出个主意，想个办法调整一下我们的工作时间和任务量？我的想法很简单，既希望拿下这个大订单，和这个大客户建立长期合作关系，又不希望大家为了工作每天吃不好、睡不好，为公司牺牲太多个人休息的时间。”

听了厂长的话，工人们提出很多宝贵的意见，并且干劲十足地对厂长说：“您放心！尽管拿下这个大订单，就算加班加点，我们也要完成生产工作。”就这样，厂长顺利地签订了这张订单，并如期交货。

人与人之间的交往，就像是山谷中的回音，你发出什么样的声音，就能听到什么样的回音。你用命令的口吻和不客气的语气与人交流，对方自然不愿意听你的话。相反，你敬重别人，用建议的口吻和商量的语气与人交流，对方也会体谅你的处境，站在你的立场上考虑，也就更容易被你说服。因此，有人说：“你希望他人用什么样的态度去完成工作，就用什么样的口气去和他人交流。”

俗话说“人要脸，树要皮”，如今，人们对尊重感的需求越来越强烈，没有人可以容忍他人不顾自己的面子，用命令的口吻和自己说话。试想一下，假如有人把你的观点贬得一文不值，颐指气使地命令你干这，命令你干那，你能心平气和地接受他的命令吗？

总之，要切记：说服一个人，并不是要让他颜面扫地，而是要让他心悦诚服地接受。想要让他人欣然接受你的建议，就不要用“命令”，而是要多用“建议”。

学会“5W”技巧，让语言更有魅力

在劝说他人时，如果别人提出的每一个问题，你都用笼统的话来回答，就会给人一种你在搪塞他的感觉。良好的沟通要以相互信任为基础，如果不懂得“5W”技巧，说出的话太过空洞，则很难赢得他人的信任。

在劝说他人时，如果别人提出的每一个问题，你都用笼统的话来回答，就会给人一种你在搪塞他的感觉。假如你给对方留下这种敷衍他的不好印象，势必会减弱对方想要与你沟通的欲望。良好的沟通要以相互信任为基础，如果说话太笼统、太空洞，往往会让人觉得这个人不可信任，别人也就不愿意和你掏心掏肺。为此，我们应该学会“5W”技巧，从而避免说过的话太空洞。

所谓的“5W”，指的是：When，什么时间；Where，什么地点；Who，什么人；What，什么事；Why，为什么。准确掌握“5W”技巧，可以让我们的语言变得更加真实，更具说服力。

要想透彻地理解这一点，就要先看一下下面这个例子：

刘强是国企公司的中层领导，同时也是一名大龄“剩男”，但是

他自身的条件非常好，一米八的大个，俊俏的脸庞……可以毫不夸张地说，他几乎符合所有女孩心目中白马王子的形象。可是，不知道是什么原因，他今年已经32岁，却依然单身。为了摆脱单身状态，他参加了一个相亲节目。

参加相亲节目的男女双方对彼此都缺乏了解，自然少不了一番寻根究底的问询，爱好、工作、计划、生活习惯更是双方不可不提及的话题。

一次，一个女孩问刘强："如果我们有缘在一起，还要像现在一样分居两地吗？你准备怎么解决这个问题？"

刘强不假思索地说："你根本不用担心这个问题，对我来说，这个问题很好解决。"

那个女孩嘴唇动了动，似乎还有什么话没说出口，但是终究什么话都没说，只是把面前的灯灭掉了。刘强大惑不解，不知道自己的话怎么得罪了女孩。

录制完节目后，刘强找到女孩，问她："我觉得自己的回答没什么问题，不知道你为什么会选择灭灯？"

女孩微微一笑，淡淡地回答说："你的回答太空洞了，很难让人信服。我问你怎么解决两地分居的问题，你告诉我这个问题很好解决，却没详细说明是你到我那里，还是我到你这里，也没有说明什么时候解决，让我怎么相信你呢？"

刘强大为震惊，没想到女孩竟然想这么多。他对女孩说："假如你的工作不方便调动，我可以去你那里工作。因为我们公司每年都有几个调动的指标，我想要调动到你所在的城市并不是什么难事。假如没什么意外的话，一年内就可以完成调动。我这么回答，不知道你能否满意？"

女孩什么话都没说，只是不好意思地笑了笑。后来，女孩顺理成章地成了刘强的妻子。

在节目现场刘强的回答给人的感觉是“这不是问题，你只需要跟我走就行了，什么都不用管”。其实，这种说法太空洞，歧义很大，没有任何说服力。

我们身边像刘强这样的人很多，由于说出的话缺乏内容，所以显得干巴巴的，给人留下特别空洞的印象，无法赢得他人的信任。其实，很多时候，我们只需要利用“5W”技巧，就可以言之有物，使自己说的话变得充实，且更有魅力。

在第二次回答女孩的问题时，刘强就运用了“5W”技巧。什么时间——一年内，时间很具体；什么地点——我去你那里，地点明确；什么人——我，人物清晰；什么事——调动工作，没有歧义；为什么——调动工作并不是什么难事。

对于一个人来说，无论他拥有多么漂亮的外表，多么高的学历，多么卓越的能力，假如不懂得“5W”的说话技巧，一张嘴，说出的话空洞无物，缺乏吸引力，从而也就没什么魅力。

“5W”说话技巧可以让我们的语言更有条理，让我们说出的话内容更充实，说服他人的效果更好。要想言之有物，让自己的语言变得更有魅力，就要从细节上着手，使你的答案完美地回答“5W”中所包含的问题。

达·芬奇在《笔记》中写道：“人有很强的说话能力，但是他的大部分话是空洞的、骗人的。动物只有一小点点说话的能力，但是那一小点点却是有用的、真实的。说话宁可少一点，准确一点，也不要大量的虚伪。”因此，需要注意的是，运用“5W”技巧固然能让我们的话语更有条理，但是一定要建立在实话实说的基础上。

先说结果，再详述原因

先说结果，再详述原因，往往能够引起对方听下去的兴趣，同时还可以条理清晰、详略得当地把事情的原委讲清楚。

对方能否理解你的话是沟通的关键。不管你要说什么，都不要忘记，你说服的最终目的是让对方理解、接受。因此，表达自己的意思时，要以使对方更容易理解为最终目标，要站在对方的角度，说让人容易理解的话。

同样一段话，先详述原因、再说结果与先说结果、再详述原因会产生不一样的结果。先说结果，再详述原因，这样说出的话条理清晰，重点突出。

研究发现，先说结果，再详述原因，往往能够引起对方听下去的兴趣，同时还可以条理清晰、详略得当地把事情的原委讲清楚。不管我们说什么，最终的目的都是希望对方能够理解，而先说结果，再详述原因，是把复杂的问题按照简单的逻辑说出来，更容易让人理解。因此，在平时与人交流时，我们应该通过这种方式激发对方听下去的兴趣。

有一家公司要为总经理招聘一位秘书，经过层层筛选，最后只剩下两个人，但是，总经理的秘书只需要一个人，两个人不得不来一场较量。

为了留下一位最优秀的人，人事部出了这样一道题：总经理吩咐，本周四下午2点开公司会议，要求所有部门的主管都要准时参加。可是，策划部的主管郭总要约见一位重要的客户，不能按时参加；销售部的主管刘总出差了，周五上午才能赶回；售后服务部的何总离总部比较远，周五上午才能赶回总部。请问，如何安排这场会议？请安排好后，向总经理汇报你的计划。

第一位面试者回答说："总经理，策划部的主管郭总要约见一位重要的客户，不能按时参加；销售部的主管刘总出差了，周五上午才能赶回；售后服务部的何总离总部比较远，周五上午才能赶回总部。所以，我建议把原定于本周四下午2点召开的会议改到本周五上午10点召开。您看行吗？"

第二位面试者回答说："总经理，我建议把原定于本周四下午2点召开的会议改到本周五上午10点召开，不知道您怎么看？因为策划部的主管郭总要约见一位重要的客户，不能按时参加；销售部的主管刘总出差了，周五上午才能赶回；售后服务部的何总离总部比较远，周五上午才能赶回总部。"

最后，第二个应聘者被录取了。

两个人说出的话没什么不同，只是顺序不一样。第一个应聘者怎么也想不到自己错在了哪里，该说的话一句也没有落下，怎么就没有被录取呢？原来，关键就在于，第一个应聘者虽然把事情都讲清楚了，但是逻辑混乱，没说出重点。而第二个应聘者先说了结果，再详述原因，对方不需要费脑子思考，立即就能明白表达的是什么意思。

要想说服一个人，首先要注意说话的逻辑，搞清楚怎样说才能便于对方理解。试想一下，如果你先详述原因，再说结果，对方就无法迅速地了解你在说什么。只有让对方首先明白你在说什么，才有可能说服对方，否则一切说辞都是无效的。

物价上涨了，工资却没有涨，女主人王娟越来越觉得有必要节约一些不必要的开支，省下一笔钱以备不时之需。老公平时花钱总是大手大脚的，今天请这个吃饭，明天又请那个吃饭，甚至为了买游戏装备花很多钱，一点儿也体会不到过日子的艰辛。

王娟很清楚，如果先说一大堆原因，告诉老公物价越来越高了，开销越来越大了，工资却丝毫没有涨，这样继续下去，很可能会入不敷出，再提出节约开支的建议，老公很可能会摸不着头脑，也就不容易说服固执的老公。为了便于老公理解，王娟采用了先说结果，再说原因的说服方法，对老公说："亲爱的，我觉得咱们应该节约开支。我给你分析一下啊，如今的物价上涨得越来越厉害了，咱们家的开销也越来越大，每个月刚发的工资，没过几天就没了，这样下去咱们会入不敷出的。假如以后生活中出现什么急事，咱们是很难应付的。你觉得呢？"

王娟首先说明结果"我觉得咱们应该节约开支"，而不是先详述原因"如今的物价上涨得越来越厉害了，咱们家的开销也越来越大……"。如果她反过来，先详述原因，再说结果，恐怕她老公听到最后也未必明白她想说的是节约开支的事，没准会误以为她在埋怨自己工资少、没能力，极有可能引发一场争吵。

所以，我们在说服他人时，应学会先言简意赅地说结果，再根据结果详述原因。这样可以保证你从复杂的事情中理清头绪，建立一定的逻辑顺序，便于他人理解你的意思。

幽默是最高级的情商

英国哲学家培根说过："善谈者必善幽默。"幽默是一个人情商高的象征。幽默是一种处世智慧，可以帮助人们化解危机，摆脱尴尬。它是与人沟通时的"润滑剂"，既可以活跃气氛，又能够增进感情。

不同的情景说不同的幽默话

幽默的形式异彩纷呈，充分表明了人类的幽默艺术具有旺盛的生命力，必然经久不衰。不同类型的幽默，具有不同的效果。

幽默是一个人的个性、兴趣、能力的综合体现，是与人沟通时的调料。有了幽默，社交活动就会如鱼得水。

幽默的种类有很多，有感人至深的，有荒诞滑稽的，有含沙射影的，有妙趣横生的，有讽刺意味十足的，有插科打诨的……不同的人，对幽默有不同的欣赏眼光。不同类型的幽默，具有不同的效果。

幽默可以分为以下几种类型：

1. 荒诞滑稽式幽默

一次，作家狄更斯正在钓鱼，一名陌生人走到他面前，对他说："先生，您在钓鱼呀？"

狄更斯毫不犹豫地回答说："是呀，都钓了半天了，连一条鱼都没钓到。我昨天也是在这个地方钓鱼，一会儿就钓了15条。"

陌生人说："是吗？那您知道我是谁吗？我是专门巡查是否有人到这

里钓鱼的人，这里可是禁止垂钓的地方。”说着，那名陌生人把一本罚单从口袋里掏出来，准备记下狄更斯的名字并处罚他。

看到这种情景，狄更斯连忙反问道：“那您知道我是谁吗？”那名陌生人迷惑地摇了摇头。

狄更斯幽默地说：“我是作家狄更斯，你不能罚我的款，因为我的职业就是虚构故事。”

幽默的谈吐经常使局促、尴尬的场面变得轻松、和缓，使双方摆脱困境。著名小说家马克·吐温也遇到过这种事情。

一次，美国著名小说家马克·吐温来到一座小城市。临行前，一位友人告诉他：“那里的蚊子太厉害了，你可要当心一点！”到了那个小城，正当他在旅店登记房间时，刚好有一只蚊子在马克·吐温面前盘旋。

马克·吐温幽默地说：“早听说贵地蚊子十分聪明，果然如此，它竟会预先来看我登记的房间号码，以便晚上对号光临，饱餐一顿。”

听了他的话，服务员不好意思地笑了笑，连忙帮着驱赶蚊子。那天晚上，旅馆里的所有职工都一起出动，帮着马克·吐温驱赶蚊子，让马克·吐温美美地睡了一觉。

2. 讽刺式幽默

幽默还具有良好的讽刺效果，能一针见血地指出他人的逻辑错误，达到讽刺的目的。

有一个仗势欺人的大财主，经常欺负势单力薄的人。他订了一个规矩：庄稼人平时见到他，必须向他敬礼，否则就要挨一顿鞭子。

一天，阿凡提从那里经过，碰到了那个大财主，但是并没有向他行礼。

大财主气急败坏地责问道："你个穷小子！为什么不向我行礼？"

阿凡提不解地问："我为什么一定要向你行礼？"

大财主趾高气扬地说："因为我很富有。有钱就有势，不向我行礼，我就拿鞭子抽你这个穷小子！"

阿凡提不以为然，一动不动地站在那里。

围观的人越来越多，大财主有些心虚了，于是压低声音对阿凡提说："不如这样吧，我口袋里装着一百块钱，我给你五十，你向我行个礼吧！"

阿凡提接过钱，把它慢悠悠地装进自己的口袋里，不解地说："你兜里还有五十块钱，我现在也有了五十块钱，咱们的钱一样多，我为什么一定要向你行礼呢？"

围观的人狂笑不止，佩服阿凡提的机智和幽默。大财主又气又急，把仅剩的五十块也拿出来，递给阿凡提说："听好了，现在我把这五十块钱也送给你，你可以听我的向我行礼了吧？"

阿凡提把这五十块钱也装进自己的口袋，然后一本正经地说："好了，现在我有一百块钱了，你却分文不剩。你说过，有钱就有势，现在你向我行礼吧！"

大财主傻了眼，像只呆鹅一样愣在原地。

3. 示弱式幽默

"人在屋檐下，不得不低头。"面对强权，自己的力量又不足以撼动对方的权利时，就不得不选择低头。情商高的人，低头也不忘幽默一下，既给人留下深刻的印象，又保全了自己的颜面。

1717年，由于伏尔泰讥讽摄政王奥尔良公爵，被奥尔良公爵囚禁在巴士底狱长达11个月之久。伏尔泰在狱中吃尽了苦头，出狱后终于意识到不能再冒犯此人，于是请求得到奥尔良公爵的宽恕。奥尔良公爵深知伏尔泰的影响力有多大，所以急着与他化干戈为玉帛。两个人都真诚地向对方表达歉意。最后，伏尔泰幽默地说："陛下，您真是一位乐于助人的人，竟然为我解决了这么长时间的食宿问题，我衷心地向您表示感谢。不过，今后您就不用再为我的食宿问题操心了。"

幽默的形式异彩纷呈，充分表明了人类的幽默艺术具有旺盛的生命力，必然经久不衰。它的奇光异彩吸引了我们，也让我们看到幽默就像世界上的大多数事物一样，也有不同的形式。无论是揶揄还是嘲笑，也无论是同情怜悯还是荒诞古怪，其意趣都必须是发自内心的。只有这样，它才更有生命力，影响才更为深远。

懂幽默的人能让生气的人笑着“熄火”

人人都在倡导和谐，人与人之间的矛盾通常只是因为一些鸡毛蒜皮的小事，并没有什么实质性的利益冲突。让生气的人“熄火”并不能显出一个人情商有多高，让生气的人笑着“熄火”却是一个人情商高的表现。

卓越的口才是现代人不可或缺的交际手段，要想运气好、财气旺、人脉广，在人群中脱颖而出，在社会上无往不胜，就要拥有卓越的口才。让生气的人“熄火”并不能显出一个人情商有多高，但是运用幽默的语言让生气的人笑着“熄火”却是一个人情商高的表现。

卡特利特·马歇尔是美国的一位五星上将。他还是一个年轻的小伙子时，参加过一次酒会，并在酒会上对一位小姐心生好感。酒会结束后，他主动请求送那位小姐回家，希望借助这个机会和那位小姐多接触。

其实，小姐的家很近，开车十几分钟就能到，但是，马歇尔足足开了一个多小时才把她送到家门口。

小姐生气地问：“我猜你肯定刚来这个地方不久，否则不可能用这么长时间，像是不认识路一样。”

马歇尔微微一笑，充满智慧地说：“我可不敢这么说。你可以想一下，假如我刚来这个地方不久，怎么可能开了一个多小时的车，却一次都没有从你的家门口路过呢？”

那位小姐会心一笑，终于领会了马歇尔的意思。不久后，那位小姐成了马歇尔的妻子。

马歇尔运用幽默的语言让生气的小姐笑着熄灭了心中的怒火，可见幽默的力量。

列宁说：“幽默是一种优美、健康的品质。”尤其是在发生矛盾时，幽默这种品质更加显得可贵。

当矛盾发生后，那些缺乏幽默感的人经常会把事情搞得越来越糟，幽默感十足的人却可以让一切困难都迎刃而解。因为在矛盾面前，恰如其分的幽默语言具有春风化雨般的效果。

很多结过婚的男人都不得不面对婆媳矛盾带来的困扰，马军也不例外。自从结了婚，妈妈和妻子总是因为各种鸡毛蒜皮的小事而争吵不休。每次两个人相持不下，都要把马军找来评理，非得争出个对错。刚开始，马军不懂得怎么处理这种事情，每次都“秉公断案”，可是最后总要得罪一个人。假如说妈妈错，妈妈就会抱怨说：“真是娶了媳妇忘了娘，处处偏袒你媳妇，怕老婆，没什么大出息！”假如说妻子错，后果比这还严重，轻则睡几天沙发，重则去丈母娘家赔礼道歉，把媳妇接回来。

吃了几次亏后，马军终于找到一种化解婆媳矛盾的好办法。他准备改变策略，不再“秉公断案”。

一次，马军的妈妈发现前一天的碗还没有洗，气急败坏地大骂儿媳妇太懒。马军的妻子受不了婆婆的责备，大声嚷嚷着婆婆“不通人情，蛮横无理”。两个人争执不下，又拉来马军评理。

马军知道自己的妻子做事经常丢三落四，偶尔忘记洗碗是情有可原的。他本想替妻子解释几句，可是又担心妈妈说他偏袒自己的妻子，于是装糊涂说：“你们两个说得都对！你们都没错，是我的错！”

听他这么说，妈妈不满地说：“让你评理呢！你这叫什么话！现在怎么变得是非不分了？昨天的碗今天还没有洗，现在吃饭连个干净点的碗都没有，你说这究竟是谁的错？”妻子也不满地说：“和你有什么关系？没洗碗是我的错，我承认。可是婆婆也不问原因，张口就骂我懒，她的错更大。”

马军解释说：“你们谁都没错，要怪就怪我买的碗太少了，一顿饭没洗碗，就没有碗用了，所以你们才吵起来。假如我多买几百只碗，别说一顿不洗碗了，就是十天半个月不洗碗也没事。所以要怪就怪我买碗买少了，而不是怪没洗碗。”

听到这话，马军的妈妈和妻子都乐了，两个人停止了争吵。

面对婆媳矛盾，假如坚持“丁是丁，卯是卯”，一定要分出个对错，很可能会使矛盾升级。而如果用诙谐的语言化解双方的矛盾，则能使生气的双方笑着“熄火”。

幽默可以营造一种轻松、愉悦的谈话氛围，也可以增进谈话双方之间的感情。尽管每一个人都喜欢幽默，可是并非人人都能恰到好处地运用幽默。

对于一个人来说，要想经常保持幽默绝非易事，要想在矛盾一触即发的时刻依然保持幽默更加不容易。这就需要我们平时多积累、多学习，并且学会控制自己的情绪。当双方的矛盾达到极点，已经剑拔弩张时，我们一定要保持清醒的头脑，而不是跟着生气。

我们要学会真正体谅别人，不因一些鸡毛蒜皮的小事而发火，这样才能依靠自己的理智和幽默化解他人的矛盾，让生气的人笑着“熄火”。为了达到这一目的，我们平时要多注意提升自己的涵养，进行一些息怒训练。只有这样，才能在别人生气时少些冲动，真正体谅别人。

会自黑的人，口才和人缘都不会太差

自嘲是难得的灵丹妙药，假如用别的招都不见效，不妨“黑”自己一把，拿自己来“开涮”。

假如你把一个一百多斤重的物体举起来，此时有人对你讲了一个笑话，你就会立即扔掉这个重物。为什么会出现这种现象呢？心理学家把这种现象解释为：笑声和紧张情绪无法同时占据相同的空间，因为笑声会把紧张情绪驱散，而促使你举起重物的正是这种紧张情绪。

在日常生活中，尤其是在工作场所，大家经常背负着很重的包袱。如果坐视不管，这些包袱极易转化为人与人之间的矛盾。想要缓解这种紧张气氛，化解这种矛盾，就可以采用自嘲式幽默，适当地“黑”自己一把。

适度自嘲，“黑”自己一把，是一个人良好修养的表现，也是一种魅力十足的沟通技巧。“黑”自己一把，可以营造一种宽松、愉悦的交谈氛围，使自己变得轻松、洒脱，同时也能给人一种可爱、充满人情味的印象，甚至还能有效地维护自己的面子，助自己摆脱窘境。

下面就介绍几个应用自嘲摆脱窘境的经典案例。

1. 摆脱窘境

与人沟通时，如果对方在有意或无意中触犯了你，导致你陷入尴尬的境地，你可以借助自嘲摆脱窘境。

20世纪50年代初，美国总统杜鲁门会见了一名特别傲慢的将军，他就是麦克阿瑟。在会见的过程中，麦克阿瑟将军把烟斗拿出来，把烟丝装进烟斗里，然后把烟嘴叼在嘴里，拿出火柴问杜鲁门总统：“抽烟，你应该不会介意吧？”

很明显，麦克阿瑟并不是真心征求杜鲁门的意见，因为他已经准备好抽烟，假如对方说介意，就会显得霸道、蛮横。麦克阿瑟举止很傲慢，说出的话很没有礼貌，这令杜鲁门难堪。为了摆脱这种窘境，杜鲁门自嘲说：“抽吧，将军！别人喷到我脸上的烟雾，要比喷到任何一个美国人脸上的烟雾都多。”

令人难堪的事情已经发生，想阻拦是不可能了，此时只有用自嘲才能摆脱窘境，挽回自尊心。

2. 调节气氛

自嘲是一种调节气氛的快捷方式。

一天，钢琴家波奇来到美国密歇根州福林特城演奏。开场前，他发现落座率特别低，很多座位都空着，现场气氛很压抑。他虽然很失望，但是并没有因为这件事而受到影响。为了调节现场气氛，使现场的观众不感到空寂，他就走向舞台的脚灯，笑着对观众说：“我猜想福林特这个城市里的市民一定非常富裕，因为我发现你们每个人都买了两三个座位的票。”话音刚落，观众立即放声大笑，使现场的气氛活跃起来，为波奇的演奏做好了铺垫。

3. 博人一乐

被称为“补白大师”的郑逸梅先生深谙自嘲之道，他曾经在《龙门阵》杂志上发表了一篇《自暴其丑》的文章，尽情地“黑”了自己一把。他写道：

我今年93岁，两鬓早斑，顶发全白，所谓“皓首四夫”这个名目，是无可否认的。加之，齿牙脱落，没有镶装，深恐镶装了不舒服，未免多此一举，索性任其自然。好在我的食欲并不旺盛，能吃的吃一些，不能吃的也就算了，这岂不是成了“无耻（齿）之徒”吗？

老伴周寿梅，逝世已越十多年，鳏居惯了，反觉得不闻勃然交谪之声，一室寂静，悠然自得。但《书经》有那么一句话：“独夫，纣”，指无道之君而言。我是无妇之夫，单独生活，那“独夫”之加，也不得不接受。

我患有冠心病，时发时愈，所谓“坏良心”，我是自打自招的。且老年人，骨头中减少了钙的成分，当然体重较轻一些，那又属于“轻骨头”了。

我每晨早餐，进粥一碗，佐餐的是玫瑰腐乳，所谓“生活腐化”，我是实行的了。又老年人的进食，每以蔬菜为宜，可是我适得其反，午饭喜啖红烧肉，古人说“食肉者鄙”，我又是一个“鄙夫”。

我执教鞭一辈子，中学、大学、女学教过数十所，但一方面教书，一方面参加社会的文艺活动，兼为各刊物写稿，一些朋友和我开玩笑，说我“不务正业”。我除写作外，什么都是低能，家中机械化的新颖用具，我都不解如何施用，必须儿媳为我启闭，因自号“拙鸠”。“拙鸠”也就是“笨伯”的别称。

性情带些迂执，大有“迂夫子”之概，复自取一号“大迂居士”。“老而不死是为贼”，我年届耄耋，当然是十足道地的老子，“贼”的名目又是推卸不掉的。

又提倡新文化的，对于民初崇尚辞藻，写那哀感顽艳的小说，经常在字里行间出现“卅六鸳鸯同命鸟，一双蝴蝶可怜虫”的成句，为“鸳鸯蝴蝶派”，甚至“左倾”偏激的，扩大范畴，即使不写这类小说，凡民国初至五四运动，在旧报上有所撰述的，一股脑儿斥为“鸳鸯蝴蝶派”，更称之为“文丐”“文妖”“文娼”，竭泼妇骂街之能事。那么我在这时已东涂西抹，也就未幸免带进这个圈子，“丐”“妖”“娼”多少有些份儿了……

幽默一直被人誉为“聪明人驾驭的语言艺术”，自嘲则是幽默的最高境界。有人说：“懂得自嘲的人，一定是智者中的智者，高手中的高手。”拿自己的不足、失误甚至生理缺陷来“开涮”，不遮掩自己的缺点，反而把它放大，博众人一乐。假如缺乏自信，没有乐观豁达的处世态度，是不可能做到这一点的。

自嘲是沟通中难得的灵丹妙药，假如用别的招都不见效，不妨“黑”自己一把，拿自己来“开涮”。你可以用它来活跃谈话气氛，摆脱窘境，既给自己找了台阶下，又保住自己的面子。

会说调侃段子，做一个有趣的人

在很多场合，一个幽默的人往往比一个呆板的人更受欢迎。在日常生活中，幽默是不可或缺的调味品。有时候，适当调侃一下你的朋友可以增进双方的关系。

美国心理学家赫布·特鲁说过："幽默可以润滑人际关系，消除紧张，减轻人生压力，使生活更有乐趣。它把我们从个人的小天地里拉出来，使我们一见如故，寻得益友。它帮助我们摆脱窘迫和困境，增强信心，在人生的道路上知难而进。"

在日常生活中，幽默是不可或缺的调味品。比如，朋友们相约一起结伴旅游，旅途中的疲惫不堪和长时间的沉默，肯定会使气氛变得沉闷，此时如果戏谑一下自己关系还可以的朋友，一定能改变当时的气氛，为旅途增加很多乐趣。

著名相声演员郭德纲讲过这样一个有意思的段子：

我有一天跟上帝聊天，问帝哥："我希望天下和平，天下百姓们安居乐业，国泰民安，没有战争，行吗，嗯？"上帝想了想说："这难点儿，咱实话实说啊，我没那么大道行，真的真的，兄弟我不是驳你面子啊，我也不跟你说别的，你换一样行吗？咱商量商量别的。”我一摸，身上带了一张于谦的相片，“帝哥，你看看这个，这是我师兄弟，他叫于谦，长得挺寒碜的，搞不上对象，你给他变漂亮点儿吧。”上帝想了想说：“咱还是说说世界和平那事儿吧。”然后把相片撕了。我问他说：“哎，你怎么把相片撕了啊？你不同意归不同意，撕了干吗，我还留着避邪呢！”

我国清代古典文学名著《红楼梦》中描写了许多精彩的幽默故事，其中的第四十回“史太君两宴大观园，金鸳鸯三宣牙牌令”就是一个典型的幽默故事。在这一回中，作者写道：

鸳鸯一面侍立，一面悄向刘姥姥道：“别忘了。”刘姥姥道：“姑娘放心。”

那刘姥姥入了座，拿起箸来，沉甸甸的不伏手。原是凤姐和鸳鸯商议定了，单拿一双老年四楞象牙镶金的筷子给刘姥姥。刘姥姥见了，道：“这叉爬子比俺那里铁锄还沉，哪里犟得过它。”说得众人都笑起来。

只见一个媳妇端了一个盒子站在当地，一个丫鬟上来揭去盒盖，里面盛着两碗菜。李纨端了一碗放在贾母桌上。凤姐儿偏拣了一碗鸽子蛋放在刘姥姥桌上。

贾母这边说声“请”，刘姥姥便站起身来，高声道：“老刘，老刘，食量大似牛，吃一个老母猪不抬头。”自己却鼓着腮不语。众人先是发怔，后来一听，上上下下都哈哈大笑起来。史湘云撑不住，一口饭都喷了出来；林黛玉笑岔了气，伏着桌子叫“哎哟”；宝玉早滚到贾母怀里；贾母笑得搂着宝玉叫“心肝”；王夫人笑得用手指着凤姐儿，只说不出话来；薛姨妈也撑不住，口里的茶喷了探春一裙子；探春手里的饭碗都合在迎春身上；惜春离了座位，拉着她奶母叫“揉一揉肠子”。地下的无一个不弯腰屈背，也有躲出去蹲着笑去的，也有忍着笑上来替她姊妹换衣裳的，独有凤姐、鸳鸯二人撑着，还只管让刘姥姥。

刘姥姥拿起箸来，只觉不听使，又道：“这里的鸡儿也俊，下的这蛋也小巧，怪俊的。我且得一个儿！”众人方住了笑，听见这话，又笑起来。贾母笑得眼泪出来，琥珀在后捶着。贾母笑道：“这定是凤丫头促狭鬼儿闹的，快别信她的话了。”

那刘姥姥正夸鸡蛋小巧，凤姐儿笑道：“一两银子一个呢，你快尝尝罢。冷了就不好吃了。”刘姥姥便伸筷子要夹，哪里夹得起来？满碗里闹了一阵，好容易撮起一个来，才伸着脖子要吃，偏又滑下来，滚在地下。忙放下筷子，要亲自去拣，早有地下的人拣了出去了。刘姥姥叹道：“一两银子，也没听见个响声儿就没了！”

……

凤姐儿忙笑道：“你可别多心，才刚不过大家取乐儿。”一言未了，鸳鸯也进来笑道：“姥姥别恼，我给你老人家赔个不是儿罢。”刘姥姥忙笑道：“姑娘说哪里的话？咱们哄着老太太开个心儿，有什么恼的？你先嘱咐我，我就明白了，不过大家取笑儿。我要恼，也就不说了。”

读了最后一段话，我们就知道了，原来刘姥姥并没有因为他人的戏谑而生气，甚至已经知道这是他人的戏谑，自己“出洋相”，只是在配合这种戏谑，逗大家一乐而已。

在很多场合，幽默的人比呆板的人更受欢迎。那么，我们应该如何培养自己的幽默感，并通过这种方式增加在人际交往中的砝码呢？

首先，我们应该做一个乐观自信的人。

乐观自信、积极向上的心态是幽默的心理基础，想要培养自己的幽默感，先要培养自己抵抗挫折的能力，做什么事情都不怕失败；就算失败了，也要看到事情积极的一面，而不是一味地怨天尤人。

其次，我们应该积极锻炼自己的思维能力和表达能力。

思维敏捷、能言善辩是对一个幽默者最基本的要求，因为幽默的谈吐都有反应迅速的特点。另外，想要表达幽默的想法，就要注意积累丰富的词汇，锻炼自己的表达能力。假如词汇匮乏，语言的表达能力太差，就无法达到幽默的效果。

最后，我们应该在日常生活中不断地积累知识。

在日常生活中，我们应该不断地积累知识，注意多读、多听、多看，模仿、借鉴一些优秀的幽默素材。积累的幽默知识多了，还要注意多锻炼，试试在所处的情境下如何套用别人的幽默话语。锻炼的次数多了，幽默就自然而然地成了你所拥有的财富。

用幽默的方式表达不满，对方更易接受

用幽默的方式把你的不满表达出来，更容易让对方接受，而不至于伤害对方。

幽默是一种充满智慧的语言表述方式，它融技巧性和轻松感于一体，让大家在欢笑中解决问题。当对方出言不逊，或出现令人不满的行为时，我们没必要针锋相对。想要表达内心的不满，可以使用幽默的语言，用一句颇有深意的话以弱胜强。这既让对方意识到自己的态度不好，又让对方有苦难辩，无法当场发作。

常宁和她的朋友去一家咖啡厅喝咖啡，精明的老板为了节约成本，让服务员端上来的咖啡只有半杯，常宁笑嘻嘻地对老板说："我有一个办法，可以使你的咖啡店每天多卖出两倍的咖啡。"老板忙问道："什么办法？"常宁说："你只需要把每个杯子都倒满就可以了。"

在许多场合下，用幽默的方式表达不满比直接表达不满的效果要好得多。直接表达不满可能会令对方难堪，甚至会激怒对方，而用幽默的方式表达不满，却不至于令对方难堪，有时候甚至可以得到一个令你满

意的结果。

一次，一位先生去一家旅馆投宿，刚来到旅馆的前台，前台小姐就对他说：“抱歉，先生！我们的房间已经全部客满了，您到别的旅馆看一下吧！”

这位先生幽默地问：“哦！没有房间住了。我想问你一个问题，如果此刻站在你面前的不是我，而是总统，你有房子给他住吗？”

前台小姐坦诚地说：“如果总统来了，肯定会给他一个房间的。”

这位先生机智地说：“既然是这样，那现在总统没来住那个房间，你就把他的房间给我住吧！”

美国的罗宾森教授曾说：“人有时会很自然地改变自己的看法，但是如果有人当众说他错了，他会恼火，更加固执已见，甚至会全心全意地去维护自己的看法。不是那种看法本身多么珍贵，而是他的自尊心受到了威胁。”

在工作中，用幽默的方式抱怨更有必要。假如你怒气冲冲地找上司抱怨你对他的安排不满，极有可能因此把他惹火了。如果太过情绪化，就会使领导觉得你并非对他的安排不满，而是对他本人有意见。如此一来，你恐怕就要另谋高就了。而用幽默的方式抱怨则能让别人切实感到你在对事不对人。

生活中，很多女人总喜欢用抱怨的方式表达不满，这样非但不会让对方接受，反而还会引起对方的反感。而如果用幽默的方式表达不满，对方会更容易接受。

最近，宋玲玲发现丈夫工作越来越忙，白天忙着工作，晚上忙着应酬，好不容易周末不忙了，他又一个人在家打游戏、看电视、看小说，对自己越来越不够重视了，两个人经常一周都说不了几句话。

宋玲玲报了一个美术班，最近一段时间都很忙，没时间照顾孩子，而且孩子已经到了上幼儿园的年龄，是时候和丈夫商量一下把孩子送到幼儿园了。

一个周末，吃过午饭后，宋玲玲问丈夫："下午有什么安排？"

丈夫回答说："追剧呀！看潘长江演的《双喜盈门》，挺有意思的。"

宋玲玲接着问："那看完电视以后呢？有什么安排？"

丈夫回答说："老周约我下午一起下象棋，上次他输给我，这次要找我'报仇'，我今天下午准备让他一个炮。"

宋玲玲心怀不满，却装作若无其事地问："然后呢？下完象棋后准备做什么？"

丈夫一时想不到，淡淡地说："现在还没安排，可能看看小说吧，或者打打游戏什么的。"

宋玲玲可怜巴巴地说："老公，你忙完这些后，能不能帮我一个忙？"

丈夫一脸茫然地问："帮你什么忙？"

宋玲玲回答说："下象棋时别让老周一个炮了，早点打败他，然后回家陪我聊会儿天，我想和你聊聊孩子的教育问题。"

听到这里，丈夫终于意识到自己的错误，连忙道歉说："对不起，亲爱的，最近我总是忙着自己的事，对你和孩子的关心太少了。"

宋玲玲深谙沟通之道，先耐住性子，用委婉的语气和丈夫交流，等对方把缺陷充分展现出来后，再委婉表达自己的不满，从而制造出用幽默的方式抱怨的效果，不至于使对方听着刺耳。

即兴秀幽默，避免自己下不来台

在生活中，难免会出现一个又一个的小尴尬，打你一个措手不及。不懂幽默的人陷入尴尬时只会发怒，懂得幽默的人陷入尴尬时却可以巧妙化解，使周围紧张的气氛轻松起来。

在这个多变的社会里，几乎人人都会遇到尴尬的场面。有些人因为觉得颜面无光而恼羞成怒，与他人发生冲突；有些人虽然遭遇尴尬，却能忍住怒气，保持良好的修养，依然笑脸相迎；有些人用幽默化解尴尬，把危机变成转机，令人钦佩他的智慧。

有一个嫉妒海明威才华的人给他写了一封信，信中说："都说您一字千金，现在我寄给您千金，请您寄送一个样品来瞧瞧。"海明威毫不客气地收下，寄送了一个"谢"字。

美国前总统里根是一位非常幽默的人，他说过："在生活中，幽默促进人体健康；在政治上，幽默有利于自己的形象和得分。"里根总统之所以这样说，并不是没有依据的，他本人就有过很多以幽默化解尴尬的经历。

里根总统首次访问加拿大时，受邀在某地做演说。此时，许多举行反美示威的人群不断涌现，高声呼喊着反美的口号，使里根总统的演说被迫中断。

示威人群丝毫不尊重这位美国总统，陪同他的加拿大总理皮埃尔·特鲁多看到这种情景后，不由得紧皱眉头，感到很难为情。

面对如此尴尬的局面，里根总统却一脸轻松地说："这种事情在美国时有发生。我想这些人一定是特意从美国来到贵地的，他们想使我有一种宾至如归的感觉。"

听到这话，紧皱眉头的特鲁多开怀大笑，表现得自然多了。

无独有偶，德国著名的霍夫曼将军也遭遇过此类事情。

一次，霍夫曼将军到慕尼黑视察军队，慕尼黑的军官俱乐部当晚举行宴会欢迎他。

在众人举杯喝完酒后，一名中士服务员前来为将军斟酒。毕竟是为将军斟酒，那名中士明显有些紧张，一不小心，竟然把酒洒到了将军的秃头上。

看到这种情景，在场的军官和士兵都非常紧张，担心将军会大发雷霆，惩罚那个因为不小心而犯了大错的中士。此时，那名中士已经吓得面色苍白，汗珠从脸上不由自主地滚落下来。

霍夫曼将军从口袋中掏出手帕，擦了擦脑袋，笑着说："小伙子，谢谢你！你这个方法我早用过了，可是我这脑袋已经秃了20年了，这种方法也没用。”

听了这话，大家一阵哄笑，那名中士忐忑不安的心也终于恢复了平静，感激地向将军敬了一个礼，大厅里响起了一阵热烈的掌声。

一句幽默的话，既化解了自己的尴尬，又不至于让他人难堪，甚至还为大家带来了无限的欢乐，何乐而不为呢？

遭遇这种尴尬场面时，我们首先应把“面子问题”抛之脑后，然后再用泰然自若的风度和机智幽默的语言去化解。

有时候你是被别人的刁难逼入尴尬的境地，有时候你是被自己的冲动送入尴尬的境地，有时候你是因为一场误会而陷入尴尬的境地……不管是哪种情况，幽默都是一种化解尴尬的好方法。

张盼是一家公司的部门经理，在职场历练了这么多年，她早就已经学会八面玲珑的本事，尤其善于用幽默的方法处理各种问题。

一次，孙姐带着4岁的儿子到公司照看。虽然孙姐已经叮嘱他很多次，千万不能动办公室里的东西，可是她的儿子正是淘气的时候，趁孙姐没注意，便把办公室里的垃圾桶给弄翻了。孙姐看到后，二话不说，抬手就开始打孩子。

别的同事什么话都不说，张盼却指着孙姐大声说：“你这人干吗打孩子呀？手怎么这么欠呢？”话刚出口，张盼就意识到自己说得太过分了，可是说出去的话，泼出去的水，想收回来是不可能了。办公室异常寂静，场面一时陷入尴尬之中。

此时，张盼灵机一动，对孙姐说：“孙姐呀，不是我说你，你知道你这一巴掌下去有什么后果吗？你那宝贝儿子本来能教清华大学的学生，你这一巴掌下去，把一个清华大学的教授都打没了。”

听了这话，同事们都欢乐地笑了，连孙姐本人也笑着说：“清华大学的教授？他能考上大学，我就多谢你吉言了！”

我们每天都要接触很多人，遇到很多事，不可能所有的人和事都在我们的预料之中。遇到看不惯的人和事，我们也很难克制自己的情绪，一时冲动说出一些不妥的话也是难免的，可是话一旦说出口，就会很容易使自己陷入尴尬的境地。

遇到这种情况，我们很可能百口莫辩。假如哪句话说得不对，还有可能会适得其反，落得个“越描越黑”的下场。倒不如像张盼那样换一种方式，以幽默诙谐的几句话轻松化解自己的尴尬。

所谓聪明，就是会说让人开心的糊涂话

情商高的人总会让自己的话富有“弹性”，而不是太绝对。他们懂得“遇物要加价，逢人要减岁”的沟通哲学，也懂得“聪明话未必真聪明，糊涂话未必真糊涂”的沟通智慧。适当地说几句糊涂话，是一个人大智若愚的表现，因为糊涂话其实不糊涂。

说话富有“弹性”，才能立于不败之地

把话说得太死，会把自己逼到“墙角”，使自己陷入尴尬的境地。因此，说话时应该为自己留下一定的余地。

刘强的性格耿直，说话常常不经过大脑。一次，他和同事赵曼发生了一点儿摩擦，闹得很不愉快。其实，同事间有点儿分歧是在所难免的，彼此包容一下也就过去了。可是，刘强为人比较倔，一怒之下，竟然对赵曼说：“从今往后，你不认识我，我也不认识你，咱们两个井水不犯河水。”

这句话刚说出口不到一个月，赵曼就成了刘强的上司。由于工作需要，刘强每天都要和赵曼接触，两个人同在一个办公室中，每天抬头不见低头见，十分尴尬。几天后，刘强无法忍受这种折磨，只好选择辞职。

俗话说：“三十年河东，三十年河西。”人与人之间的关系，甚至用不了十年就能发生此消彼长的变化。所以我们和人交流时，切忌恶语伤人，说出“恩断义绝”“不共戴天”之类的话。因为把话说得太死，很可能会把自己逼到“墙角”，陷入尴尬的境地。这就像你把杯子倒满

水，再想往杯子里面倒，就会使杯中的水溢出来。比如，上司交给你一项工作，问你有没有问题，你觉得难度非常大，却拍着胸脯回答说："没问题，您放心吧，保证完成任务！"几天后，上司得不到任何反馈，于是问你工作的进度如何，你这才垂头丧气地说："这项工作比我想象中难多了，我高估了自己的能力，到现在还没有完成。"听了你的这番丧气话，上司肯定会兴师问罪，甚至认为你能力不行。

有一个小伙子，对爱迪生十分敬仰，一心想去爱迪生的实验室工作。见到爱迪生后，小伙子傲气地说："我要发明一种溶液，它要能够融化一切物品。"于是，爱迪生问他："嗯，很好。可是，你打算用什么器皿盛放这种溶液呢，它不是能够融化一切物品吗？"

这个小伙子把话说得太死了，结果使自己陷入了自相矛盾的境地。假如他把"一切"换成"部分"，爱迪生就找不到反诘他的理由了。

社会是复杂多变的，不是非黑即白的简单逻辑，说话不留余地就等于不给自己留退路。与其让自己为难，倒不如让说出的话富有"弹性"，让自己"进可攻，退可守"，立于不败之地。

俗话说"狡兔三窟"。意思是说，狡猾的兔子都有多个藏身之处，就算其中一个藏身之处被破坏了，也不至于使自己陷入绝境。兔子尚且懂得这个道理，更何况是人呢？你只要留心观察，就会发现，一些企业的新闻发言人在说话的时候往往都不会把话说得太死。他们经常会用"可能""也许""尽量""考虑""保留解释权"等模棱两可的词。也许你担心这样说显得自己没有诚意，其实，对待事情保持谨慎的态度，往往更能给人留下一个深刻的印象，更容易赢得他人的信赖。

总之，高情商的人在发表意见时都会使用富有“弹性”的语言，给自己留一条退路。假如事情办成了，当然是皆大欢喜；假如结果不尽如人意，也不至于使自己陷入绝境。例如，一些人在公司决策会上发表自己的看法后，总是不忘多加一句：“这只是我个人的看法，考虑不够成熟，具体的决策还需要领导拍板。”这就是很富有弹性的语言。

遇物要加价，逢人要减岁

所谓“遇物要加价”，指的是你在评价别人购买的物品时，即便明知物品的市场价格，也要故意抬高价格，从而让对方感到高兴。所谓“逢人要减岁”，指的是你在猜测别人的年龄时，即便知道对方的真实年龄，也要少说几岁。

“遇物要加价，逢人要减岁”，这是与人沟通时最实用的两种说话技巧。它们针对人们的普遍心理投其所好，属于“善意的谎言”，也属于“无害的阴谋”，可以给他人带来欢乐。这两种沟通技巧比较简单，但是又非常实用。假如能恰当地使用，肯定能使你的人际关系更为融洽。

1. 遇物要加价

所谓“遇物要加价”，指的是你在评价别人购买的物品时故意高估价格，让对方感到高兴。比如，你的朋友买了一件衣服，让你猜猜看多少钱，你知道市场行情，这种衣服一二百块钱就能买下。但是，你故意装糊涂说：“这套衣服一看就很贵，没有五六百块钱，你根本拿不下，对吧？”听了你的话后，相信你的朋友一定会特别高兴，并笑着对你说：

"哈哈，你看走眼了吧，我只花了200块钱，店主就卖给我了。"

在日常生活中，人们普遍的购物心理是用比较低廉的价格买到质量比较好的物品。如果我们购买了一件物品花了100元，别人却以为我们花了50元，我们心里就会产生一种失落感。相反，假如别人以为我们花了200元，我们就会感到很高兴。

正是因为人们都有这种心理，"遇物加价"才成为一种比较实用的沟通技巧。不过，使用这个技巧时也需要注意，首先你要能够识物，在心中对这件物品有一个大致的预估，不能过高地预估物品的价值，当然，更不能过低地预估物品的价值，否则就会适得其反。

露露新买了一辆轿车，邻居王大妈看到后，忍不住夸两句："哎呀，露露现在可了不得呀，买了这么好的车子。"

听到王大妈的夸赞，露露很高兴，问王大妈："王大妈，您看看得多少钱？"

王大妈心想：怎么着也要十几万吧！为了让露露高兴，王大妈故意说："多少钱我不敢说，对车子不了解。不过看你这身份，低于20万的车子也配不上你呀！所以，我猜你这车子得20多万。"

听了这话，露露立即拉长了脸，淡淡地说了句"其实是50多万"，然后离开了。

王大妈一看这阵势就知道说错话了，原本想"遇物加价"，没想到反倒"遇物减价"了。

露露虽然没有当场发怒，但是她回到家后，忍不住对老公说："咱们邻居王大妈也太小看人了，竟然说低于20万的车子配不上我，她什么意思呀？我就不配买更贵的车子了？"

王大妈活了大半辈子，自然懂得“遇物要加价”的道理，可是她眼力达不到，不知道这辆车子的真实价格，最后因为一句话得罪了露露。这就告诉我们，单单懂得“遇物要加价”的道理还不够，还要有一定的眼力，对物品的实际价格要有一个大致的了解，否则就不要使用这种说话技巧。

2. 逢人要减岁

所谓“逢人要减岁”，指的是你在猜测别人的年龄时故意把对方说小几岁。比如，一位30出头的女士让你猜猜看她有多少岁，你可以装糊涂说：“看你这样，应该还在上大学，最多二十五六岁。”听了你的话后，她一定会特别开心，以为自己显得年轻。

我们经常听到有人祝福别人时说：“祝你青春永驻！”由此可见，人人都希望永葆青春，都希望别人在猜测自己的年龄时猜出的年龄比真实年龄小几岁。尤其是那些爱美的女士，对自己的年龄更是非常敏感。其实，这是成年人普遍都存在的一种怕老心理。只要是人，谁不希望自己永远年轻呢？难道有人希望自己过早地衰老？所以，人们有这种心理也是可以理解的。

一天，郑亮挤公交车去给客户送货，在车上遇到一位中年妇女，于是给她让座。谁知，中年妇女一脸不悦地说：“小伙子，你为什么要给我让座呢，是觉得我年龄大了吗？”

中年妇女面相偏老，上车时，郑亮没仔细看，以为是一位60多岁的大妈，所以才把座位让给她。看到中年妇女不太高兴的表情后，郑亮连忙解释说：“不是，大姐，我看你拎着东西呢，坐车不太方便，所以才把座位让给你。看你的年龄，最多比我大十几岁而已，所以叫你大姐没问题吧？”

中年妇女立即笑了，说：“小伙子真会说话，还大姐呢！你得叫我阿姨了，我都快50了。”

郑亮装糊涂说：“啊？快50了？不像啊！那我确实得叫阿姨，我才20，叫阿姨刚刚好。真不好意思，刚才竟然叫您大姐。”

中年妇女和颜悦色地说：“没事，没事，叫我大姐，说明我年轻呀！”

“逢人要减岁”的说话技巧，不需要你拥有多么强的说话能力，却可以让你说出的话特别讨人喜欢。你只需要把对方的年龄尽量往小说，让他觉得自己显得很年轻，他就能产生一种心理上的满足感。

当然，这种方法也不能滥用，它并不是适用于任何人。一般情况下，喜欢被看得年轻一点的，都是那些年龄比较大的人。相反，如果对方是十几岁的少男少女，与其“逢人减岁”，倒不如“逢人加岁”，多说个一两岁，因为他们都渴望长大，希望自己被周围的人当成大人来看待。

另外，使用“逢人要减岁”的说话技巧时，也不能减得太离谱，要注意分寸。比如对方明明是一个70多岁的人，你一个20几岁的人，却偏偏喊对方为大姐，说她只有20几岁，恐怕她无论如何都不会相信的。

故意曲解对方的意思，助你巧避锋芒

面对他人的挑衅，有时候针锋相对并不能卓有成效地解决问题，倒不如故意曲解对方的意思，巧妙避开对方的进攻。

故意曲解，指的是人们在沟通中，故意利用某种特殊的语境，歪曲对方的话语意图从而达到某种交际目的，或者摆脱尴尬。

面对他人的挑衅，有时候针锋相对未必有效，倒不如以故意曲解的方式巧妙避开对方的进攻。这样做有两点好处：其一，使你避开锋芒，而不是硬碰硬；其二，让你以有礼对无礼，占据道德的制高点。

20世纪70年代，英国首相威尔逊有一次发表竞选演说时，突然下面有一个人站起来，无礼地嚷道：“狗屎！垃圾！”现场立即变得骚乱，威尔逊陷入尴尬之中。面对突如其来的干扰，为了顾全大局，使竞选演说继续进行下去，威尔逊镇静地笑了笑，故意曲解他的意思，用安抚的口气说：“这位先生，请不要着急，我稍后就要谈到您提出的脏乱问题。”就这样，威尔逊利用故意曲解的说话技巧，使自己顺利地渡过了“险滩”，竞选演说也得以顺利地进行。

在与人沟通时，我们经常会碰到一些自己不能回答或不便回答的问题。面对这种情况，如果直接回答会使自己陷入对方的圈套中，而不予理睬又会显得自己不懂礼数。此时，不如故意曲解对方的意思来回避对方的问话，如此一来，识趣的人就不会穷追不舍地追问了。

这样既保证对方不致难堪下不了台，又维护了自己的面子。

在一次记者招待会上，一名别有用心的外国记者问王蒙："请问，20世纪50年代的你与20世纪80年代的你有哪些相同与不同？"这名记者的用意很明显，就是要让王蒙借机谈一谈他对中国国内形势的改变有什么样的感受。不过，王蒙识破了他的诡计，于是不慌不忙地抬起头，从容不迫地回答道："相同之处是，20世纪50年代的我叫王蒙，20世纪80年代的我也叫王蒙；不同之处是，20世纪50年代的我20多岁，20世纪80年代的我50多岁。"

这名记者的提问给出年代限定的范围，明显是想让王蒙谈一谈他对中国国内形势的改变怎么看。可是，王蒙却故意装作不知道，曲解了对方的本意，仅仅从自己的名字和年龄的角度回答从而达到了回避记者问话的目的。

总之，在生活中，我们可能会遇到各种各样的问题，要想对付这些刁钻的问题，最好的方式就是装糊涂，故意曲解对方的意思，利用语言的多义性灵活应答，而不是被这些刁钻问题牵着鼻子走。

适当地说糊涂话才是真聪明

老话说得好："大智若愚，大巧若拙。"拥有大智慧的人，往往都表现得非常愚钝；身手特别灵敏的人，往往都表现得非常笨拙。

人人都想成为一个非常聪明的人，也都希望在众人面前说一两句聪明话，用这种方式表现自己的聪明才智，从而获得大家的一致认可。但是，在生活中，真正意义上的聪明人又有多少呢？

实际上，很多时候，说一两句糊涂话，比说话聪明更重要。郑板桥曾说："聪明有大小之分，糊涂有真假之分，所谓小聪明大糊涂是真糊涂假智慧。而大聪明小糊涂乃假糊涂真智慧。所谓做人难得糊涂，正是大智慧隐藏于难得的糊涂之中。"

有时候，聪明人未必真聪明，糊涂人也未必真糊涂。那些聪明人往往因为说话太聪明而引来旁人的嫉妒，令一些人很不痛快，最后惹祸上身。

《三国演义》中有个叫杨修的人，在曹操帐下任主簿之职，是当时公认的聪明人，可是杨修恃才傲物，数次得罪曹操，最后被杀。为什么会这样呢？这里不妨举个例子：

曹操疑心很重，很担心部下趁自己睡着时谋害自己，于是经常说自己“梦中好杀人”。一次，他的侍卫帮他盖被子，却被他拔剑杀了。事后，曹操又装模作样地痛哭流涕，悔恨自己不该在“梦中”杀人。

从此之后，人人都以为曹操有在睡梦中杀人的习惯，只有杨修叹道：“丞相非在梦中，君乃在梦中耳！”意思是：丞相并不是在睡梦中把你杀了，真正在睡梦中的人是你。

有人送了一盒酥给曹操，曹操提笔在盒子上写下“一合酥”三个字。大家都不知道他是什么意思，只有杨修懂得。于是，杨修一句话也没说，把酥一人一口分给大家吃。曹操问：“你为什么这么做？”杨修回答说：“因为丞相写得很清楚，让我们‘一人一口酥’，难道不是吗？”

有一次，丞相府新建了一座花园。花园竣工后，请曹操验收。曹操什么话都没说，仅仅在大门上写了一个“活”字。大家都不明白是什么意思，一筹莫展。此时，杨修对大家说：“大门上写了一个‘活’字，也就是‘阔’的意思。丞相的意思是花园的门太大了。”

后来，曹操率军向刘备的汉中之地发起进攻，兵强马壮的刘备凭险据守，曹军久攻不下。曹操心中很苦恼：如果退兵，这次就是无功而返；如果继续攻打，短时间内又很难获胜。就在这个时候，有人来请示当天晚上军中的口令用什么。曹操刚好看到盘子里有一根鸡的肋骨，于是随口道：“鸡肋”！杨修得知曹操用“鸡肋”做口令，于是开始打点行装。有人发现杨修在收拾行装，不解地问：“您这是要干什么？”杨修得意地回答说：“丞相马上就要撤军回去了，因此我得早做准备，免得到时候着急忙慌的。”那人问杨修：“你为何这样说呢？”杨修回答说：“丞相用‘鸡肋’做口令。鸡肋，食之无味，弃之可惜。这鸡肋指的正是汉中。丞相现在心中正在犹豫不定，可是很快就会退兵的。”听了杨修的解释，众人觉得有道理，于是也都开始收拾行装。这件事被曹操发现了。曹操勃然大怒，以扰乱军心罪将杨修斩首示众。

杨修很聪明，却不懂得说“糊涂话”，因为说话时太卖弄聪明而引起曹操的嫉妒，最后被其杀死。

大文豪苏东坡做过一首诗：“人皆养子望聪明，我被聪明误一生。惟愿生儿愚且鲁，无灾无难到公卿。”他之所以这样说，就是因为他不会装傻，屡次因为小事而得罪权贵，被权贵流放。就连他的仆人都取笑他说：“一肚子的不合时宜。”

一天，小威尔逊的一个同学手中拿着1美元和5美分的钱，问他选择拿哪一个。小威尔逊毫不犹豫地回答说：“我要5美分的。”

大家都哈哈大笑，嘲笑他真是个愚蠢的人，竟然放着1美元不要，却要5美分的。很快，他的这句“傻话”就四处传播了。大家都不相信小威尔逊竟然会这么傻，于是都拿着钱来看看究竟是不是这么回事。然而，小威尔逊每一次都会毫不犹豫地说：“我要5美分的。”

这个笑话很快就传遍了整个学校，于是每天都有很多人使用相同的方法捉弄他。最后，这件事传到老师的耳中，他当面问小威尔逊：“1美元比5美分更大，难道你连这么简单的道理都不懂吗？”

小威尔逊回答说：“我当然懂。可是，假如我说要1美元，还会有人拿着钱让我选择吗？到时候我连5美分也赚不到了。”

听到这话，老师恍然大悟，对小威尔逊的聪明由衷地赞叹。

从杨修和小威尔逊的例子中可以看出，真正的聪明是大智若愚，而不是锋芒毕露。

有时候，说话是需要糊涂的，因为糊涂的智慧比聪明更重要。把自己的聪明和智慧隐藏在糊涂之中，这样的人是跳出了明白看明白，是真正的聪明。也就是说，聪明话未必真聪明，糊涂话未必真糊涂，大智若愚，适当地说几句“糊涂话”，才是真正的聪明。

批评未必刺耳，会沟通让你不得罪人

“人非圣贤，孰能无过？”每个人都有犯错的时候，我们也难免要批评他人。可是，批评是得罪人的事，不注重方式，不仅无法达到批评的目的，还会激怒对方。都说“良药苦口利于病，忠言逆耳利于行”，其实，良药未必苦口，忠言也未必逆耳。只要会说话，就能让你的批评不刺耳、不得罪人。

委婉的批评才悦耳

心理学研究表明，当一个人听到他人的直接批评时，很容易产生消极的防御心理。而委婉地批评他人，则更易于让人接受。

批评一个人前，首先要好好考虑一下批评的方式，因为批评很难帮助我们达到目的，它的效果远不如心平气和地点拨对方。

有人说："批评他人的方式，体现了批评者的品位。"这话有一定的道理。受过良好教育的人，在批评他人时，往往有一定的分寸，懂得如何取舍，而不是当众揭人的短。心理学研究表明，当一个人听到他人的直接批评时，很容易产生消极的防御心理。直接批评的做法会令人颜面扫地，极大地打击人的自尊心。而委婉地批评则更容易让人接受，让批评的效果事半功倍。

有一位上了年纪的大娘，在社区的便利店中购买了一盒牙膏和一只牙刷，没结账就着急要走。眼看大娘要走出便利店，女售货员连忙追上，微笑着说："大娘，您先别着急走，我还要给您一个塑料袋呢，不然不好拿。"

回到柜台后，女销售员用一个小塑料袋把牙膏和牙刷装起来，对大娘说："大娘，牙膏10元一盒，牙刷5元一支，总共是15元。"听到这话，大娘才明白过来，原来自己着急走，忘了付钱了。于是，大娘愧疚地说："真不好意思，我刚才忘了付钱了。唉，老糊涂了！"

销售员回答说："没事，大娘，我妈的年纪跟您差不多，也总是忘东忘西的。您走好！"

可以想象一下，假如这位女销售员不讲方法，直接当着众人的面高声喊："哎！那人！你怎么回事儿啊？不付账就离开呀？你平时买东西不用给钱吗？"听了这话后，大娘肯定会恼羞成怒，回击道："你这人怎么说话呢？我这不是一时忘了吗？你至于说得这么难听吗？"也许，从今往后，她再也不会光临这家便利店了。

所幸的是，销售员比较机智，懂得用委婉的方式代替直接批评，避免了一场争吵。由此可见，批评也要讲究一定的技巧，直接批评不仅会伤害他人，还会破坏自己的形象。

要想让批评变得悦耳，还可以用玩笑的方式来委婉地批评他人。假如运用得恰当，就会收到意想不到的效果。

一次，考试成绩公布了，王老师发现班上女生的成绩普遍比男生的成绩好，于是在班会上给大家讲了一个故事：

"我昨天晚上睡觉时做了一个梦，梦到我的老师在课堂上问我，下辈子想当男生还是女生。我毫不犹豫地回答说：'想当女生。'他就好奇地问：'想当女生？为什么呢？'我回答说：'因为每次男生和女生比赛下棋，女生赢了就会被大家夸为"才女"，输了也无所谓。可是，男生赢了就是应该的，没人夸；输了还会被人嘲笑，被人骂为“大草包”。这样太亏了吧！’”

听了这个奇怪的梦后，同学们一阵大笑。

紧接着，老师心平气和地说：“我今天主要不是说梦的，而是说一下咱们班的女生们。为什么要说一下她们呢？因为她们的成绩非常好，超过了咱们班的男生。这说明了一个道理，咱们班的才女特别多，下棋她们厉害，考试也一样厉害。所以，我为咱们班女生们的实力而感到骄傲，也为咱们班男生们的‘谦虚’而感到骄傲。”

听了这话，班里的男生们羞愧得无地自容。

把批评隐藏在玩笑背后，借助玩笑的方式来委婉地批评他人，往往更易于让人接受。假如这位老师直接批评男生，很难让班里的男生服气，效果也不会太好。他没有直接批评男生，而是讲了一个奇怪的梦，通过“想当女生”和“为男生们的‘谦虚’而骄傲”来巧妙地批评男生，起到了不错的效果。

不要针锋相对地质问别人

别人犯了错误，如果针锋相对地质问别人，不给别人留任何颜面，就很难让人接受。相反，如果用温和的方式来处理，使用恰当的方法指出错误，效果会更好。

我们都有这样的体会：犯了错误后，假如别人以温和的方式来处理，使用恰当的方法向我们指出，我们就会心甘情愿地向对方认错。可是，如果对方针锋相对地质问我们，过分地指责我们，不给我们留任何颜面，我们就很难接受了。

小新是一名新入职的员工，刚毕业不久，对社会上的人和事还不够熟悉。一天，老板为了犒劳大家，提出请同事们吃饭，吃完饭后又请大家一起去KTV唱歌。

平时大家的工作都很忙，一天工作下来都很累，所以进了包房后，筋疲力尽的小新很自然地在离自己最近的一个沙发坐下。等老板走进来后，发现沙发上已经坐满了人，于是就顺势走到小新旁边的椅子上坐下。

二十几分钟后，老板接了一个电话，需要赶回家中处理点私事，于是结完账就匆匆离开了。令小新没想到的是，老板刚离开，KTV里的气氛就变了，音乐关了，大家也不唱了，很多人都站了起来。销售部组长走到小新面前，指着他的鼻子说："你这人也太没眼色了吧，老板走到你身边，你就不会站起来让个座？让老板坐了二十几分钟的板凳，我看你更像老板！真是太不懂事了！"

这么多年来，从来没有人当着这么多人的面这样训斥自己，小新气不过，立即反驳说："有你这么说话的吗？我没让座，你也没让座，大家都没让座呀？我没眼色，你就有眼色了吗？"

其实，销售部组长只是想教一下小新在职场中怎么做人，让他快速成长，可是由于说话的方式不太恰当，反而得罪了小新。

并不是所有人都乐意倾听他人的批评，也并不是所有人都乐意接受他人的批评。有些人做错了事，不仅不会坦然地承认，还会找出各种理由为自己辩护。就个人而言，即使是非常小的疏忽或错误，也不会在他人指正后坦率地承认。不过，在现实生活中，无论是父子、兄弟、亲戚，还是同事或朋友，绝对不批评他人是不可能的，我们总会遇到批评他人的时候。

那么，在纠正他人的错误时，我们应该注意哪些事项，才能让对方心甘情愿地接受呢？

1. 对他人要有极大的同情心

对他人要有极大的同情心，这样我们对待他人就不会鸡蛋里面挑骨头了。相反，这样还会让我们学会谅解他们，让我们时刻想着和他们站在同一立场，而不是站在和他们敌对的立场上。

2. 说话的语气要温和

说话的语气要温和，而不要使用刺激的或使人听了不舒服的字眼，更不可以用质问的语气。假如说出的话令人无法忍受，就算对方嘴上承认，心中也不会服气。

有一次，一个学生偷了寺庙里的木鱼，陶行知听说后，心平气和地说了这样一段话：“有的同学喜欢用木鱼演奏乐曲，动机是好的，可是现在寺庙里却少了一只木鱼，木鱼是和尚的‘吃饭家私’，咱们不能只顾自己欣赏音乐，却断了人家的生路吧？我相信拿人家木鱼的同学只是一时糊涂，希望他在没人的时候，可以悄悄地把木鱼归还到原来的地方去。菩萨会保佑他的，我们也不会怪罪他。”

陶行知教训做错事的学生，没有说一些抽象的大道理，而是用随和的语气讲述和尚的“生路”。他的话语平易近人，而不是粗暴地教训人，也不是以一种居高临下的态度指责他人。

3. 指出错误，更要说明你的期待

很多批评者往往习惯把重点放在指出对方的错误上，却不能清楚地说明自己的期待，别人要好好考虑一下，才能明白他们究竟想要对方做什么。比如，有的人批评他人时，对人家说：“你一定要这样吗？”实际上，这是一句废话，因为它没有实际内容，仅仅表达了个人的不满情绪。又比如，一位丈夫埋怨自己的妻子，对她说：“家里乱糟糟的，客人马上就要来了，你还有闲心坐那儿化妆？不知道收拾收拾家吗？”其实，这种话的作用也不大，因为它只说出了一半，并没有说到底希望妻子做些什么。与其指出妻子的错误，让对方发怒，还不如对妻子说：“客人快来了，你帮我去买点水果回来吧，我先炒几个菜。”

指出错误，更要说明你的期待，这样其实是给对方一个方向，让对方从另一个角度来接受批评的内容。

在“苦药”上抹点糖，批评效果会更好

假如你想让自己的批评取得不错的效果，就要注意批评的方式。在“苦药”上抹点糖，先赞美后批评，对方会更容易接受。

卡耐基说：“假如经过一两分钟的思考，说一句或两句体谅的话，对他人的态度做宽大的谅解，就可以减少对他人的伤害，保住他人的面子。”所以，当你要批评他人时，首先要冷静地想一想，你准备采取什么样的方法，才能不激怒对方，同时又能达到批评对方的目的。

说起批评，可能很多人都会把它理解为“挑刺”。实际上，“挑刺”仅仅是批评的一种形式。先赞美后批评，才是真正高明的批评方式。

期末考试结束后，学校门口站了很多接孩子的家长，都在询问孩子的学习成绩怎么样。

甲同学的妈妈问：“怎么样，儿子，这次排多少名？”

甲同学回答说：“年级第五名，和年级第一名只差6分。”

甲同学的妈妈说：“考得非常好，进步也很明显，不过人家为什么比你多6分呢？是不是因为人家比你更努力呢？”

乙同学的爸爸问："女儿啊，这次考了多少名？"

乙同学回答说："整体还不错，年级第十名，就是英语才考了70分，不然就能拿第一了。"

乙同学的爸爸说："怎么搞的？你真是太令人失望了！假如以后你学习不努力，就等着成绩一落再落吧！难道你想扫大街？"

两位家长都批评了自己的孩子，可是运用的方式却不相同。第一位孩子的家长先赞美，后批评，很容易让孩子接受；第二位家长刚开始就直奔主题，直接批评孩子，很难让孩子接受。

出生于日本关东的早川德次，一手创办了声宝电器有限公司，该公司生产出了日本第一部国产收音机、第一部国产黑白电视机、第一部国产彩色电视机、第一块太阳能电池、第一台高磁波烹饪电子烤箱、第一件名片型的超薄电子计算器……这家公司因此成为日本家电行业的"领头羊"，早川德次本人也被尊称为日本家电的领导者。

一次，早川德次批评自己的秘书时，对她说："静子小姐，你的字写得非常漂亮，也特别整齐，我十分满意。"听到早川德次的话，女秘书静子自然特别高兴，满心欢喜地说："多谢您的表扬，我今后一定要做得更加出色。"早川德次抓住时机，接着说："今后你要多注意一下标点符号，可以吗？"女秘书静子十分爽快地答应了，对他说道："没问题。"就这样，问题很简单地就解决了。

假如早川德次没有采用先赞美后批评的方式，直接批评秘书标点符号有问题，并告诫她今后要多注意这方面的问题，她肯定会为自己辩护，也肯定会因为不愉快而无法安心工作。因此，碰到此类情况，每一个人都应该学习一下早川德次的做法。

假如你想批评一位下属，因为他每天上班都要迟到十几分钟。首先你要找几件他做得特别好的事情，例如他写的报告特别好而且按时提交。可以对他说："小赵，你的报告写得不错，不仅结构严谨，而且见解独到，多亏了你的报告，我们的促销活动才取得这么好的效果。"

然后，你再话锋一转，责备他说："小赵，同事们早上想和你商讨一下，听听你的意见，可是每次都见不到你，这对我们来说是一种很大的损失。有时候你负责的客户刚上班就打来电话，可是我们又不能帮你解决，好几次都得罪了客户。你的作用太重要了，你不在公司，我们真不知道该怎么办。因为大家对你已经养成了依赖性，没有你的建议，很多人都不知道工作怎么开展。所以，你以后就不要再迟到了，怎么样？"

如此一来，既达到了批评小赵的目的，又维护了他的自尊。他明白了自己的重要性，自然能接受你的建议，准时上班。

又如，想要改变下属工作不专心的态度，可以对他说："你是我们公司的骄傲，工作非常出色，也为公司做出了很大的贡献。不过，如果你做事再专注一些，公司将更加为你骄傲。"

总之，批评那些自信心不强、感情脆弱的人时，可以先表扬后批评，在"苦药"上抹点糖，这样能避免伤害被批评者的自尊心，使对方保持心理平衡，理智地接受批评。

用提醒代替批评，让人主动认错

批评他人，不在于语言是否尖锐，而在于形式是否巧妙。用提醒代替批评，具有“犹抱琵琶半遮面”的作用，既能达到使人警醒的作用，又不至于得罪他人。

在工作中，如果你犯了一个小错误，领导把你叫到办公室，劈头盖脸地训斥你一顿，甚至大骂你是个白痴，然后要求你改正自己的错误，你会是什么样的心情呢？不难想象，你的心情肯定会非常糟糕，埋怨领导说话太直接。

很多时候，人们往往把自己的脸面看得比什么都重要，就算明明知道自己错了，也不会勇敢地承认错误。假如你不给对方留情面，也许他就要和你激烈地交战了。

批评针对的是对方的错误，错误的改正是“内因”起决定性作用，而批评者的“外因”只有一定的辅助作用，要想从根本上改正错误，靠的是被批评者自己的良知。因此，高情商的批评者，总是能用提醒代替批评，让对方主动承认错误。

一次，英国首相丘吉尔和夫人克莱门蒂娜一起出席一个晚宴。席间，一名外交官特别喜欢一只小银盘，于是把它塞进了自己的怀中。他的举动没有逃过女主人的眼睛，尽管很着急，可是女主人却无计可施，不知道怎么要回自己心爱的小银盘。

无奈之下，女主人向丘吉尔夫人求助，请她把小银盘要回来。丘吉尔夫人思索片刻，在丈夫耳边说了几句话。

丘吉尔微微一笑，用餐巾做掩护，也“偷走”了一只小银盘，然后走近那名外交官，十分神秘地拿出口袋里的小银盘说：“我也拿了一只同样的小银盘，但是我们的衣服弄脏了，是不是应该把它放到原来的地方？”

对任何人来说，批评别人都是一件令人十分为难的事情，特别是当着许多人的面，更会让人感到为难。其实，批评的真正目的并不是把对方批得体无完肤，彻底地打败对方，而是让对方改正错误，避免今后再出现类似的错误。假如我们不注意批评的方式，被批评者就会怪罪于我们，甚至对我们进行反击，以此来证明他的正确，并维护他的自尊。

知道这个道理后，批评他人时，我们就要多加注意，不要轻易说“你错了”之类的话，尤其不要逼迫别人当面承认错误，而是要采取一些温和的形式，巧妙地提醒对方他错在了哪里。

比如，当你看到下属工作时间比较悠闲时，与其当面训斥对方“工作慢得像个蜗牛一样！你是不是不想干了？”不如换一种方式，对对方说“昨天晚上是不是没有休息好？如果太累，可以稍微睡一会儿，那样能使工作效率更高”。

前一种说话方式很容易激起下属的愤怒，后一种说话方式却可以有效避免激起对方的逆反心理，同时还具有委婉提醒的效果。下属听到后，心里肯定会想："原来领导觉得我的工作效率太低，不能这样了，否则下次领导说话就不会这么客气了。"

有一名学生在课堂上偷偷地看武侠小说，语文老师发现后，没有立即批评他，而是在下课后把他叫到办公室，亲切地对他说："你可是咱们班的语文科代表，我考你一个成语。你说一下'一心二用'是什么意思？"

那名同学回答说："'一心二用'是把精力同时放在两样事物上。"

老师赞扬说："没错，你的回答非常好，能举个例子具体说明一下吗？"

那名同学回答说："比如刚才上课，我没有认真听讲，一边听课，一边看武侠小说。老师，我错了，您责罚我吧！"

老师回答说："你能主动承认错误，这种态度难能可贵。我赞扬你还来不及呢，为什么要责罚你呢？"

每个人都有逆反心理，尤其是在面对他人的直接批评时，内心的自我保护意识会明显增强，逆反心理也就由此产生了。直接批评别人，很可能让人无法静下心来，也就无法冷静地思考自己的错误，从而影响批评的效果。

可是，很多人都已经习惯采取直接批评的方式纠正他人的错误，不懂得用提醒代替批评有什么样的意义。其实，我们可以通过一些委婉的提问，让人自行发现错误，避免直接批评带来的负面效应。

比如，如果你直接对一名程序员说："你写的代码有漏洞，需要改正。"一般情况下，他可能有两种反应：其一，他会怀疑你的电脑，觉得你的电脑在运行环境方面上存在问题；其二，他会质疑你这个人，觉得你还不懂如何使用他写出的程序。总而言之，面对他人的直接批评，很多人都会自然而然地产生逆反心理，情不自禁地向对方发出反击。

假如你换一种方式，不直接批评对方，而是用提醒代替批评，委婉地说：“我运行了你的程序，但是运行的效果和实际情况不太一致，你帮我看一下，是不是我的使用方法有问题？”此时，对方一定会想：“也许不是使用方法的问题，而是我写的程序有漏洞。”然后他就会仔仔细细地检查自己写的程序，你的目的也就达到了。

总之，直接批评很容易激怒对方，所以，不要一开始就直接批评对方，而是应该心平气和地问对方一个问题，用提醒代替批评。假如你刚开始就怒气冲冲的，很可能会吓到对方，对方也就不可能平静地接受你的批评了。

点到为止，批评要留有空间

在很多人的眼中，被人批评是一件很不光彩的事情，令人特别没面子。所以，批评别人时，要把握分寸，采取合情合理的方式，把握批评的尺度，达到“良药不苦口”，同时也治病的效果。

俗话说：“伤树不伤皮，伤人不伤心。”每一个人的自尊心都是稚嫩的，都会因为不当的批评而受伤。批评也要讲究批评的艺术，注意选择一种合理有效的方式，既要讲清事实，又要婉转有度。

如果批评时不懂得点到为止，不懂得给他人留空间，一味地抓住对方的错误不放，结果只会适得其反。批评太过，受批评的人可能因此产生抵触情绪，甚至以其人之道还治其人之身。因此，批评别人的时候，一定要把握分寸、点到为止。

一天晚上，郭女士拿着一张电话账单给刘先生看，对他说：“你看看咱们出国的这段日子，咱们的儿子打了多少个长途电话，真是太浪费了！单单2月16日那一天，他就打了四个多小时的电话。”

刘先生惊讶地问：“什么？四个多小时？那还了得？”听到妻子的

话，林先生立即要去儿子的房间批评他。不过，他刚站起身就坐下了，心想：我现在正在气头上，假如这个时候批评儿子，说出的话肯定不好听，可能会很过分，还是不说的好，等过会儿气消了再去说。

就这样，刘先生一直忍到了第二天中午，大家都在吃午饭时，他装作若无其事的样子，笑着对儿子说："你快回学校了，上网帮我查一下哪家电话公司的长途费比较实惠吧！咱们得找一家长途费最低的电话公司。"说到这，刘先生来了个急转弯，对儿子说："其实，你上了博士班，估计打电话的时间也少了，所以我觉得不找也行。"

听到这里，儿子终于明白了刘先生的意思，满含歉意地对他说："您肯定是看到了我上个月的电话账单了吧？那时候我要回学校，所以有一大堆事需要联络，电话打得的确多了一些。"

林先生十分得意，他觉得自己没有直接说"少打电话、别耽误了功课"之类的话，而是换了一种表达方式，却达到了批评的目的，让儿子意识到了自己的错误。

在表达批评之意时，绝不能不给他人留有余地。就算是关系非常好的同事之间，说话也要注意表达方式，不该说的话不要说，批评的话不要说尽。假如你令对方下不了台，很容易就会让对方对你产生强烈的反感，甚至会和你结下深仇大恨。

就算别人犯下了难以宽恕的错误，批评对方时也要注意自己的表达方式，而不是让批评成为双方沟通的障碍。

在心理学领域，有一种"超限效应"，指的是刺激太多、太强或作用时间太久，会令人觉得非常不耐烦，让人产生逆反心理的一种现象。比如，父母经常批评孩子，在不知不觉中，孩子的心理就会由最初对错误行为的内疚转变为对父母的愤怒。所以，父母教育孩子时，应该点到而止，给孩子留一些空间，让他们自己去反省。

因此，批评他人时，要尽量用一两句话就使对方明白，而不是喋喋不休地唠叨个不停，使对方陷入窘境，产生逆反心理。我们一定要清楚，点到为止、适当的批评有助于工作的顺利进行，达到“良药不苦口”，同时也治病的效果。

批评的大忌要记牢

批评是得罪人的事，不注重方式，就很容易导致双方的关系破裂。因此，批评的禁忌一定要记牢。

“人非圣贤，孰能无过？”任何人都有犯错误的时候，所以，他人的错误是可以理解的。面对他人的错误，有些人可能投以责备的表情，有些人可能投以理解的目光，有些人可能假装没看见。情况不同，处理的方法也各不相同，不过最终的目的只有一个，那就是最大限度地减少损失，避免他人今后再出现类似的错误。于是批评就成了用得最多也最常见的方法。

不过，批评是得罪人的事，不注重方式，就很容易导致双方的关系破裂。所以，批评别人时，要注意以下事项：

1. 对事不对人

所谓批评，即对错误的事情进行分析，让犯错者意识到自己所犯的错误，避免今后犯同样的错误，而不是用来发泄个人情绪。许多人不懂得怎样批评别人，错误地以为批评就是对他人的责骂。因此，他们常以批评为名，借机宣泄自己因为某件事而引起的不良情绪。

有人批评他人时，总习惯说：“只需要看看你做的这件事，我就能看出你这个人怎么样。”其实，这是批评的大忌。

什么叫“对事不对人”？很简单，就是只谈论事情本身，而不对个人做任何评价。要做到“对事不对人”，就要尊重规则，注重结果，不谈论他人的个人能力和个人品德。

秘书王小姐负责打一份合同，结果合同中出现一个错别字，被客户退了回来。负责谈判的经理觉得很没面子，便批评王女士说：“真不知道你眼睛长到哪里去了，一点儿责任心都没有，连这么重要的文件都能打错！”

听了这话，王小姐气愤地说：“没错，我的眼睛就是长错了位置，我就是没有一点儿责任心。既然你觉得我干不好，干脆把我炒了算了。”

其实，经理原本只是想提醒王小姐以后工作认真一些，但是他批评人时却针对个人，犯了大忌。假如经理对王小姐说“你这次打的合同特别重要，可是打了一个错别字，客户因此不同意签字，公司领导觉得特别没有面子。以后要多注意，不要出现类似的错误啊”，也就不会导致这种局面了。

2. 注意场合

批评别人并非随时随地都可以进行，假如不注意场合，既会伤害被批评者的自尊心，也会引起对方的反感，甚至会引发双方之间的矛盾，造成不愉快的局面。

一般情况下，批评他人时不能当着第三者的面，更不能在公开场合点名批评人，而是应该选在没有旁人的时候进行。

3. 不要翻旧账

批评别人时，应该就事论事，而不是新账老账一起算唠叨个没完没了，那样别人只会厌烦你。假如你提起他人过去不愉快的事，无异于是在揭他人的伤疤，会令人很不舒服。

4. 尽量缩小批评的范围

一个人在犯错的时候，最无法容忍的就是大家对他群起而攻之，把他当作靶子一样任意“射击”，因为这极度伤害了他的自尊心。群起而攻之，也许能逼迫一个人承认错误，但是很难让一个人接受这种批评方式，很可能导致他对批评者充满敌意，伺机寻找报复的机会。

假如我们希望自己的批评取得一定的效果，而不是导致被批评者对我们充满敌意，就要尽量缩小批评的范围。哪怕你的动机是高尚的，没什么敌意，完全出于真心实意，也不要忘记这一点。当有很多人在场时，就算你用最温和的方式批评一个人，也极易引起被批评者的怨恨，因为他会觉得在同事或朋友面前丢了面子。批评一个人时，只要他已经承认错误，就没必要当着众人的面要求他做公开检讨，只需要找一个僻静的地方跟他好好谈谈，就能让他反省。每一个有上进心的人都不希望犯错误，从这个角度来讲，你也不能扩大批评的范围，把人“一棒子打死”。

5. 不要有私心

“心底无私天地宽”，批评一个人也是如此，不包藏私心才能让人接受你的批评。在原则问题上，我们要敢于批评，在是非问题上不“和稀泥”。只要与原则相违背，就要及时提出批评。不过，批评一个人要出于公心，不能带有私心，因为我们只是为了让对方改正错误，而不是贬低他的人格。

后记

高情商在沟通中的重要性

当有人问“有什么指教”时，情商低的人可能直接回答“我要给你提一个建议”，情商高的人却会回答“指教不敢当，就是一个小小的建议，可能说得不对，希望你不要介意”。情商低的人说话很直白，很容易伤及他人的自尊心；情商高的人说话很委婉，能准确把握说话的分寸，更容易让人接受。

当有人邀请去他家参加晚宴，若不想去，情商低的人可能会说“我没空，不去”，情商高的人却会说“那可不行，万一你这是鸿门宴怎么办呢？刘邦有樊哙，所以才从鸿门宴中逃脱，我可没有樊哙，坚决不去！不能着了你的道。这几天忙，没时间请你吃饭，等过几天闲了，我给你摆个鸿门宴，看你敢不敢来”。情商低的人拒绝人就是得罪人，情商高的人拒绝人却能不让人生气。

情商低的人请别人帮忙，可能会对别人说：“你得帮我个忙，而且要尽快完成。”情商高的人请别人帮忙，可能会对别人说：“你现在有时间吗？不知道能否抽出时间帮我个小忙？这件事挺着急的，咱们关系最好，只能拜托你多帮忙了。”情商低的人请别人帮忙时，用命令的口吻；情商高的人请别人帮忙时，用“请求”的口吻。

追求一个女孩，遭到拒绝后，情商低的人可能会说：“你眼光真高，连我都看不上，看你以后能找个多好的男朋友。”情商高的人却会说：“哈哈，逗你呢！你还真当真？在我心目中，你就是我‘大哥’！我怎么可能追你呢！”最后，情商低的人失去一个潜在的朋友，情商高的人得到一个关系亲密的友人。

那么，在沟通中，情商高有多重要呢？这么说吧！如果你是一个情商高的人，向人借钱时能让别人不忍拒绝，拒绝别人的请求时能不着痕迹，赞美别人时能让别人把你奉为知己，批评别人时能让别人微笑着接受。

高情商能让你左右逢源，低情商却让你步履维艰；高情商能让你在沟通中顺风顺水，低情商却让你在沟通中张不开嘴；高情商能让你在人际交往中成为最受欢迎的人，低情商却让你在人际交往中成为最令人厌恶的人。

总而言之，在沟通中，高情商具有十分重要的意义。无论是谁，要想在与人沟通时如鱼得水，都要努力提高情商，做一个高情商的沟通者。